조급한 마음에 예비 신부 커뮤니티에 가입했다. '결혼이란 게 주고받는 장사도 아닌데 절대 허례허식 따위는 하지 말아야지!' 생각했지만, 나도 어느새 남자친구만 만나면 예단이 어떻고 예물이 어떻고를 읊조리고 있었다.

따끈따끈한 국화빵을 하나씩 입에 넣으며 길을 걷는데 갑자기 남자친구가 말했다. "나는 지금 내가 가진 것에도 감사하지만, 못 가진 것에도 감사해." "그래. 나도 감사해…." 왜 그렇게 눈시울이 뜨거워지던지…. 그래, 다이아반지 그까짓 거 없으면 어때. 사랑하는 남편이 생기는데….

예물인데 이 정도는 하셔야죠

'남자친구와 함께 야구장에서 응원하는 것!' 내가 꿈꿔온 환상이 아닌가? 경기가 시작되고 처음에는 남자친구 앞이라 자제를 했지만 내가 응원하는 팀이 지기 시작하자 남자친구 앞이라는 것도 잊은 채 벌떡 일어나 소리치기 시작했다. "똑바로 해 이것들아!"

이걸 어찌해야 하나! 지난 몇 달 동안 얌전한 여자로 보이려고 평소 먹는 양의 반만 먹었음은 물론이요, 흘릴 수 있는 음식은 절대로 선택하지 않았다. 남자친구는 그런 나를 위해 누군가 욕이라도 하면 내 귀를 막아주고, 극장에서 무섭고 잔인한 장면이나 야한 장면이 나올 때면 눈을 가려주는 센스를 발휘했었는데….

얌전한 여자, 내가?

나는 이렇게 결혼했다

흰물결

나는 이렇게 결혼했다

펴낸곳 도서출판 휜물결
펴낸이 윤 학

초 판 1쇄 발행일 2012년 11월 1일
개정판 1쇄 발행일 2020년 4월 12일
개정판 2쇄 발행일 2021년 6월 11일

주 소 06595 서울 서초구 반포대로 150 휜물결아트센터
등 록 1994. 4.14 제3-544호
대표전화 02-535-7004 팩스 02-596-5675
이메일 mail@imreader.com
홈페이지 www.imreader.com
        www.worldreader.net

값 13,000원
ISBN 978-89-92961-10-3

ⓒ 휜물결, 2012, 2020.

이 책은 저작권법에 의하여 보호를 받는 저작물이므로
무단전재와 무단복제를 금합니다.

나는
이렇게
결혼했다

흰물결 엮음

차례

프롤로그

결혼으로 가는 길 윤학 10

연애가 어렵다고?

콩깍지 끼던 날 신현주 18

얌전한 여자, 내가? 심다애 21

누가 나를 외롭게 하는가 윤학 25

나는 연애가 어렵다 홍세미 31

누가 그녀를 싫어할까? 김원우 35

첫눈에 반한 거예요 제이에스리 39

나는 이렇게 결혼했다

예물인데 이 정도는 하셔야죠 정재원 48

아내와 맺어준 사진 한 장 이장욱, 박설빈 52

단재 신채호 선생의 중매 신계숙 56

당신 왜 나를 안 깨워? 조영순 59

내 생애 가장 우아했던 식사 윤학 63

책 한 권 프러포즈 하성민 66

결혼, 질문 있어요!

결혼, 질문 있어요! 72

배우자상 그리기 78

집은 있어야 결혼한다? 82

백날 만나봐야 89

순수한 배우자란 95

종교가 다른데 어떡하죠? 100

결혼은 겸손해야 106

긴가민가 싶을 때 111

인류 최고의 러브스토리

인류 최고의 러브스토리 118
훤칠한 미남에 의사였으면 122
결혼을 남에게 맡기다니! 127
여자가 따라올까요? 131
며느릿감 좀 구해줘 135

결혼, 그 행복한 나날들

단칸셋방과 미술관 이연수 140
내 신혼의 로망 윤혜원 143
아들이 만난 뉴잉글랜드 여자 정원 147
도둑맞은 월급봉투 김창석 151
삶으로 돌려받은 답장 김동희 154
마누라 말을 들었더니 양기곤 157

나는 결혼도 공부했어요

나의 결혼 선포 이유민 162

두 번 참석한 결혼아카데미 박서현 166

아빠가 삼 년째 권유한 강의 박지혜 171

나의 결혼, 방향을 틀다 심영랑 175

결혼아카데미, 그 후 윤승재 180

에필로그

온몸이 춤이고 노래고 이병호 186

프롤로그
결혼으로 가는 길

결혼으로 가는 길

윤학

결혼 왜 공부하지 않는가

내 딸이 엉금엉금 기어 다닐 때부터 나는 '딸을 정말 잘 키워 행복하게 살아가도록 해야지.' 하고 다짐했다. 그런데 그런 내 희망이 무너질 것 같은 일이 벌어졌다.

어느 날 아파트 앞에 차를 세운 채 초등학생이던 딸을 기다리고 있는데 우회전하던 차가 내 차를 부딪쳤다. 멋쟁이 아주머니가 그 차에서 내리더니 멈춰있던 내 차가 달리는 아주머니의 차를 부딪쳤다고 큰소리를 치는 것이었다. 정말 난감했다.

그때 대학생으로 보이는 훤칠하게 잘생긴 그 아주머니의 아들이 차에서 내렸다. '옳지 됐다, 얘기가 되겠구나!' 그런데 그 준수한 청년은 자초지종을 들어보려고도 하지 않고 무조건 어머니 편만 드는 것이었다.

다행히 쭉 지켜보고 있던 택시기사가 내 편이 되어주어 일이 잘 해결되었다. 잘 해결되었다고 해서 내 차 부서진 것을 보상받은 것이 아니라, 그 아주머니 차 부서진 것 물어주지 않은 것이다.

뒷좌석에 딸을 태우고 가면서 정말 마음이 답답했다. 내 딸이 커서 저렇게 잘생긴 청년과 결혼이라도 한다면, 그 청년이 내 딸의 남편이 되고 그런 아주머니가 내 딸의 시어머니가 되는 거였다.

내가 딸을 아무리 잘 키운다고 해도 내 딸의 행복이 보장되는 것은 아니라는 생각이 들었다. 그때부터 뭔지 모를 불안감이 묵직한 돌덩이처럼 내 안에 남았다. 그렇다고 내가 딸의 결혼을 위해 특별히 뭔가를 할 수 있을 것 같지도 않았다. 내가 할 수 있는 거라곤 좋은 교육 받게 하고, 온유한 성품과 단정한 외모를 갖도록 도와주는 것밖에 없었다.

그런데 일류대학을 나온 외모 출중한 젊은이들도 결혼에 성공하지 못하는 경우가 허다한 것을 보면서 학벌과 외모가 답은 아니라는 생각이 들었다.

더구나 좋은 학교, 좋은 직장 가는 데만 평생을 바쳐온 젊은이들끼리 만나 과연 인생을 행복하게 살 수 있겠는가 생각하니 걱정은 더욱 커졌다.

부모들도 자녀들의 결혼에 대해서 걱정만 할 뿐 공부하지 않기는 마찬가지다. 젊은이들도 그 부모들도 대부분 '언젠가는 좋은 사람을 만나겠지.' 하는 막연한 생각만 갖고 지내다가 혼기가 차면 서둘러 배우자를 찾아 나선다.

만약 아무 준비도 하지 않다가 혼기가 차 허겁지겁 배우자를 찾았는데 배우자가 떡 하니 나타난다면 결혼은 운이요 도박일 뿐이다. 우리 인생에 너무도 중요한 결혼이 도박이 되지 않는 길은 없을까?

옛날 사람들은 신대륙이 없다고 믿었다. 그러나 사람들은 미지의 세계를 향해 여러 번의 도전 끝에 신대륙에 이르는 길을 발견했다.

우리는 영어나 수학은 열심히 공부하면서 그와는 비교할 수 없이 중요한 결혼에 대해서는 왜 공부하지 않는 것일까. 결혼도 '언젠가는 좋은 사람을 만나겠지.' 하는 운명적인 것이 아니라 차근차근 공부하고 진실하게 그 답을 찾아갈 때에만 도달할 수 있는 신세계가 아닐까.

결혼에는 답이 없는가
우리는 결혼을 내 생각대로 하려고 한다. 내 생각대로 하면 결혼이 수월하게 이뤄져야 할 텐데 오히려 더 힘든 이유는 무엇일까.

그 이유를 알려면 먼저 '내 생각'이라는 것이 어디서 온 것인지부터 짚어봐야 할 것이다. 사람들은 모이기만 하면 정치나 돈 이야기, 결혼 이야기를 한다. 그런데 자세히 들어보면 신문이나 방송에서 말한 것을 마치 자기 생각인 양 떠들어대는 경우가 너무나 많다.

그러나 신문이나 방송은 보편적인 결혼의 모습보다는 사람들의 관심을 끌 만한 불행한 결혼이나 특별한 결혼을 내보낸다. 그런데도 우리는 그런 기사나 뉴스가 마치 결혼에 관한 진리라도 되는 양 떠들고 그것도 모자라 거기서 제시한 방식대로 결혼하려고 애쓴다. 이렇게 남의 생각에 맞춰 내 결혼을 결정하면서도 우리는 '내 생각'대로 결혼하는 것이라고 믿고 있다.

'진리가 너희를 자유롭게 하리라.'는 말이 있다. 이것은 우리의 생각이 진리를 따르기만 한다면 우리가 원하는 대로 살아도 자유롭다는 뜻일 것이다. 결혼도 진리에 따라 한다면 우리가 원하는 대로 해도 행복할 것이다.

문제는 세상 사람들이 떠드는 대로 진리도 아닌 것을 진리처럼 믿거나 결혼에는 진리가 없을 거라고 단정 짓는 것이다. 따라서 결혼에 대한 진리를 알아보려고 하는 것이야말로 결혼을 준비하는 가장 바른 길일 것이다.

한눈에 반하고 싶다?

얼마 전, 스마트폰을 샀는데 사용하기가 쉽지 않았다. 그래서 매뉴얼을 읽었더니 정말 편리하게 활용할 수 있었다.

우리는 이렇게 전자제품 하나를 사도 매뉴얼을 보며 다양한 기능을 익힌다. 그러나 정작 전자제품보다 훨씬 더 복잡하고 중요한 결혼에 관한 매뉴얼은 찾아보려고도 하지 않는다. 그러나 분명한 건 물이나 공기처럼 우리에게 필요한 것은 우리 곁에 늘 존재하듯, 결혼 매뉴얼도 우리에게 꼭 필요한 것이기에 분명히 이 세상에 존재한다.

그런데 문제는 세상 남녀들이 결혼의 진리는 찾아보려고도 하지 않고 오히려 '한눈에 반할 상대'를 찾는 데에만 급급하다는 것이다. 그런 상대가 아니면 결혼을 하지 않겠다는 젊은이도 많다.

불행하게도 '한눈에 반할 상대'는 잘 나타나지 않는다. 또 그런 상대를 발견할지라도 상대가 나를 거들떠보지 않으면 그 갈망은 더욱 커간다. 사람들은 '한눈에 반할 상대'를 만나면 이 모든 것이 간단히 해결될 일이라고 생각한다.

그러나 정작 '한눈에 반한 상대'와 결혼한 사람들조차도 콩깍지가 벗겨지는 순간, 자기의 상상과는 전혀 다른 배우자의 모습에 실망하며 살아가는 경우도 많다. 그렇기에 그런 만남이 해결책일 수 없다.

그래도 사람들은 그렇게 헤어질망정 그런 사람을 한 번만이라도 만나고 싶어 한다. 이 끝없는 소망을 풀지 못해 결혼의 관문에 들어서지 못하는 젊은이들은 오늘도 한탄 속에서 젊음을 보내고 있다. '왜 나에게는 그런 사람이 나타나지 않는가, 왜 그런 사람은 나를 사랑하지 않는가.' 하고.

우리는 결혼에도 삶의 법칙이 아닌 학교에서 배워온 경제의 법칙, 희소성의 원칙을 들이댄다. 이 세상에 조금 존재하면 귀하고, 많이 있으면 귀하지 않다는 원칙 말이다. 그러나 이것은 어디까지나 경제원칙일 뿐이다. 삶의 법칙이 경제원칙과 어찌 같을 수 있겠는가.

내가 살아가는 데 가장 필요한 것이 무엇일까? 돈이나 능력일 것 같지만 실제로는 공기나 물이 가장 필요하다. 이 세상에 공기나 물이 없다면….

정작 내게 필요하지도 않은데 남들이 귀하다고 하니까 덩달아 그것을 가지려고 애쓴다면 과연 건강한 삶을 살아갈 수 있을까? 반대로 내게 정말 필요한 것을 귀하게 여기고 감사할 줄 안다면 내 삶은 어떻게 될까?

결국 내 삶에는 '희소성의 원칙'이 아니라 '필요성의 원칙'이 적용되어야 한다. 한여름 집으로 돌아와 더워진 몸에 물을 뿌려댈 때의 시원함, 땀을 뻘뻘 흘리며 산에 오를 때 불어오는 한 줄기 바람…. 이런 것들의 소중함을 느끼지 못하고 살아간다면 우리의 삶은 어떻게 될까?

우리는 정작 우리에게 별 필요도 없는 '다이아몬드'나 '한눈에 반하는 사람'을 찾는 환상에서 벗어나 그보다 더 귀한 것, 더 필요한 것을 찾아 나서야 한다.

나는 누군가를 사랑하고 누군가에게 사랑을 주고 싶다. 내가 좋아하는 일을 열정적으로 하며 살고 싶다. 이것이 진정 내가 원하는 삶이다.

남들이 다 가지려고 몰려가는 다이아몬드도 아니고 일시적으로 끝나고 말 '한눈에 반함'도 아니다. 그래서 내가 '한눈에 반할 사람'을 만나려는 마음에서 벗어나기만 하면 내게 정말 필요한 사람이 보일 것이다.

물을 찾으면 물이 있고 공기를 마시려고 하면 공기가 있듯 내가 그런 배우자를 찾으려고만 하면 그런 배우자는 반드시 있다. 더구나 사람들은 이런 귀한 사람을 귀하게 사랑하고 그런 사람에게서 사랑받고 싶이 할 것이기에 결혼은 더욱 쉬워질 것이다.

결혼을 앞둔 젊은이들은 적어도 한 번쯤은 결혼으로 가는 길을 생각해봐야 한다. 나보다 앞서 사랑하고 결혼한 사람들의 진솔한 이야기를 통해 왜 결혼을 해야 하고 결혼은 무엇이며 결혼을 통해 어떤 열매를 맺는지 가슴 깊이 새기리라 믿는다.

연애가 어렵다고?

콩깍지 끼던 날

신현주

"어디서 만날까요?" "음… 안암역 3번 출구에서 뵙죠."
 수화기 너머 그 남자의 무뚝뚝한 말투에서 부드러움이라고는 찾아볼 수 없었다. 보나 마나 맘에 들지 않을 것 같아 화장도 하지 않고 소개팅 장소에 나갔다.
 눈 내리던 2009년의 겨울, 3번 출구 앞에서 선한 인상의 남자가 환하게 웃으며 다가왔다.
 "오늘 만나기로 하신 분 맞죠? 안녕하세요?" 예상외로 훈훈한 남자의 등장에 내 심장은 콩닥콩닥 뛰기 시작했다. '이럴 줄 알았으면 립스틱이라도 바르고 오는 건데….'

우리는 점심을 먹으러 이태리 레스토랑에 갔고 나는 토마토 해산물 리조또를, 그 남자는 오징어먹물 스파게티를 주문했다. 이야기를 나눠보니 의외로 부드러움이 넘치는 사람이었다. 그 사람의 순수한 웃음에 추웠던 몸과 마음이 따뜻해지는 듯했다.

"현주 씨는 주말에 뭐 하세요?"
"집에서 책 보거나 친구들 만나요."
"저는 영화를 좋아해서 주로 영화 보는데… 아, 음식 나왔네요. 얼른 드세요." 대화를 할 때나 음식을 먹을 때나 항상 상대를 먼저 배려해주는 그의 모습이 인상적이었다.

그때까지는 분위기 좋았는데 오징어먹물 스파게티를 너무도 맛있게 먹는 그 남자. 스파게티 한 번 먹고, 나 한 번 보고… 그럴 때마다 나는 입가에 오징어먹물이 가득 묻은 그 남자를 마주 봐야 했다.

'아… 웃으면 안 되는데….' 허벅지를 꼬집어도 보고, 딴 곳을 바라보기도 하고, 입술을 깨물며 웃음을 반으로 나누어 조금씩 흘려보기도 하고….

"왜, 별로 맛이 없으세요? 저는 여기 맛있는 것 같은데…." 그 남자의 얼굴을 보니 정말 맛있나 보다. 오징어먹물을 묻히고 진지하게 이야기하는 그의 모습에 웃음이 터지고 말았다.

"현주 씨는 참 잘 웃으시는 것 같아요."

"아… 네… 이야기를 재밌게 잘하셔서요."

"하하하. 감사합니다." 웃고 참고를 반복한 소개팅은 그렇게 끝이 났다. 그런데 신기한 건 그 모습을 보고 나서도 그 사람이 싫지 않았던 것이다. 오히려 오징어먹물이 묻은 채 웃던 모습이 기억에 남았다. 이런 걸 콩깍지라고 하나?

그 후 그와 영화도 보고, 내가 좋아하는 책도 같이 읽으며 그해 겨울을 함께 보냈다. 이제 우리는 올겨울 결혼을 앞둔 사이가 되었다.

아직도 그 사람은 모른다. 내가 그를 처음 만난 그날 왜 그렇게 웃었는지.

얌전한 여자, 내가?

심다애

4월! 드디어 기다리고 기다리던 프로야구 시즌이 돌아왔다. 누군가 나에게 작년 시즌과 무엇이 달라졌느냐고 묻는다면 바로 '남자친구'가 생겼다고 대답할 것이다.

'야구를 좋아하는 남자친구와 함께 야구장에 가서 응원하는 것!' 이것이야말로 내가 꿈꿔온 환상이 아닌가? 그러나 지금의 내 남자친구는 여기에 해당되지 않는다.

마치 야구를 조금 좋아하는 것처럼, 프로야구 시작을 살짝 흘리듯이 말하자 남자친구는 "그럼 야구장에 한번 가보자!"라고 단순하게 이야기했다. 하지만 그 순간 나는 여러 가지 고민에 휩싸였다. 사실 시즌 때마다 야구장에 같이 가는 친구들에게 듣는 말이 있다.

"네 목소리가 너무 커서 부끄러워!"
"야~ 너 그냥 응원단 석에 올라가서 해버려~"

그러면 나는 당당하게 "뭐 어때~ 내가 응원하면 그 팀이 이길 거야!" 하면서 친구들의 말을 모두 흘려들었다.

그래도 친구들은 걱정이 되는지 "남자친구와 둘이 야구장에 가는 것은 좀 생각해보는 게 좋을걸?" 하는 충고도 덧붙여주었다. 그때는 그냥 넘겼던 그 말이 머릿속에 맴돌기 시작했다.

어느덧 시간이 흘러 벌써 우리가 야구장에 가는 날이 되었다. 사람들이 엄청나게 몰리는 날이라, 일찍 가서 예매를 하는 나에게 남자친구는 "나를 위해 그렇게 고생해주다니 정말 고마워."라며 나를 다독여주었지만 '천만의 말씀!' 나는 단지 매진이 될까 봐 미리 줄을 서 있었던 것뿐. 하지만 그에게는 "그럼, 당연하지."라며 웃어주었다.

경기 2시간 전, 미리 야구장 안으로 들어가 이것저것 물어보는 남자친구에게 하나하나 대답해주었다. 남자친구는 그런 나를 매우 사랑스럽다는 듯이 바라보았다.

이때까지만 해도 그는 내가 여전히 얌전하고 그저 야구 보는 것을 좋아하는 정도로만 알았겠지….

경기가 시작되었지만 처음에는 남자친구 앞이라서 나름대로 자제를 하고 있었다. 그러나 그것도 잠시, 내가 응원하는 팀이 지기 시작했다. 나는 남자친구 앞이라는 것도 잊은 채 벌떡 일어나 소리치기 시작했다. "똑바로 해, 이것들아!" 말을 내뱉고 난 뒤, 나도 남자친구도 갑자기 굳어버리고 말았고 약 5초간 정적이 흘렀다.

이걸 어찌해야 하나! 지난 몇 달 동안 얌전한 여자로 보이려고 평소 먹는 양의 반만 먹었음은 물론이요, 흘릴 수 있는 음식은 절대로 선택하지 않았다.

남자친구는 그런 나를 파악이라도 했다는 듯 길거리에서 누군가 욕을 하기라도 하면 내 귀를 막아주고, 극장에서 무섭고 잔인한 장면이나 야한 장면이 나올 때면 눈을 가려주는 센스를 발휘했었는데….

5초간의 정적…. 그러나 우리는 서로의 얼굴을 보며 그냥 시원하게 웃고 말았다. 그건 바로 그것이 아무것도 아니라고 얼버무리려고 웃는 게 아니라 이제는 서로가 다 알 수 있다는 웃음이었다.

그 웃음 이후로, 나는 내내 서서 소리도 지르고, 춤도 춰가면서 그동안 보여주지 않았던 모습을 맘껏 보여주었다. 솔직히 속으로는 '이 사람 그냥 가버리는 거 아니야?' 걱정도 했지만 그는 열심히 응원하는 내 모습에 활짝 웃어주었고, 나는 모든 걱정을 던져버린 채 목청 터져라 응원을 했다. 나의 솔직하고 열렬한 응원 덕분인지, 그날 경기는 결국 내가 응원한 팀의 승리로 끝났다. 나는 집으로 돌아오는 길에 남자친구에게 걱정했던 부분을 이야기했다. 남자친구는 빙긋이 웃으면서 내 어깨를 토닥토닥해주었다.

그리고 집에 도착해서 보니, 휴대폰에는 조금 긴 문자가 와 있었다. "소리를 질러도, 사람들 앞에서 춤을 춰도, 나는 다 이해할 수 있어. 다음엔 같이 하자!"

누가 나를 외롭게 하는가

윤학

 섬에서 상경한 나는 그야말로 촌놈이었지만 스스로는 문화인이라고 생각했다. 주머니가 비어있어도 맘에 드는 책은 어떻게든 샀고, 길을 가다가도 클래식 음악이 나오면 멈춰서서 귀를 기울였다.
 하지만 서울 거리에서 허름한 단벌옷에 사투리가 심한 나를 호감을 갖고 만나주는 사람은 없었다. 내 생각과 조금이라도 다르면 불같이 화부터 내는 성격도 문제였다. 더구나 남보다 더 머리가 좋다는 자만심으로 꽉 차있어서 사람을 무시하고 가르치려 들기 일쑤였다.

그런 내가 초롱초롱 빛나는 눈과 사근사근한 서울 말씨의 아가씨를 사귄다는 것은 하늘의 별 따기만큼이나 어려운 일이었다. 어렵사리 미팅에 나가 맘에 들지 않으면 여학생에게 함부로 말을 늘어놓다가 되레 무시당했고, 맘에 들면 잘 보이고 싶어 잘난 체를 하다가 밉보여 몇 마디 말도 나눠보지 못한 채 퇴짜를 맞곤 하였다.

나보다 못나 보이는 아이들도 예쁜 여학생들과 잘도 사귀는데 하느님은 참 불공평하다고 원망도 하였다. 이러다 맘에 드는 여자와 사귀어보지도 못하고 마는 것은 아닌지 우울하기만 했다. 서울대학에 다니면 예쁜 아가씨들이 줄을 잇는다는 이야기도 거짓말이었다.

고시 공부를 하다가 싫증이 나서 머리는 산발한 채 옷만 주섬주섬 입고 거리를 배회하던 어느 날 버스를 탔는데 한 아가씨가 눈에 확 들어왔다. 그녀의 옆자리가 비어있었다.

그러나 용기가 나지 않아 뒷자리로 가고 있는데 버스가 출발하느라 갑자기 몸의 중심이 흔들렸다. 그 바람에 자연스럽게 그녀 옆자리에 털썩 주저앉게 되었다.

그 아가씨는 당시 장안의 화제였던 오페라 '마적'의 팸플릿을 보고 있었다. 말을 건네보고 싶었지만 무척 단아하고 세련된 그녀가 대꾸해줄 것 같지 않았다.

그녀의 팸플릿만 흘깃흘깃 훔쳐보고 있는데 버스가 흔들렸다. 순간 그녀의 몸이 아주 미세하지만 나에게 다가오는 느낌이 들었다. 그녀가 나에게 호감을 갖고 있을지도 모른다는 막연한 생각이 들었다. 그러나 선뜻 말문이 열리지 않아 그녀의 팸플릿만 물끄러미 쳐다보았다.

　버스는 한강을 건너고 있었다. 버스의 흔들림에 그녀의 몸이 또 다가오는 듯했다. 이번에는 괜히 그녀가 나에게 호감을 갖고 있다고 생각하기 시작했다. 갑자기 용기가 생겼다. "공연 갔다 오시는가 봐요?" 잠깐 침묵이 흘렀다. 그녀가 서서히 얼굴을 돌렸다. "네."라고 짤막하게 답했다.
　나는 다시 말을 이었다. "공연 자주 다니시나요?" "네, 자주 다녀요." 맑은 목소리였다.
　"음악 공부 하시는가 보죠?" "아니요, 신문방송학과를 나왔어요." 그녀가 공부했다는 학교는 신문에서나 보았던 미국의 명문대학이었다. 호기심이 더욱 일었다. 그녀가 내릴 준비를 했다. 앞뒤 잴 것도 없이 따라 내렸다. 전화번호를 적어달라는 부탁에 흔쾌히 응하는 그녀가, 먼저 의심부터 하고 대하는 다른 서울 아가씨들과 비교되었다.

　그녀를 생각하니 공부에 재미가 붙었다. 고시에 합격하여 함께 공연을 보러 다니고 외국 여행도 할 생각을 하니 절로 신이 났다. 그녀를 다시 만났다. 부드러운 눈길과 웃을 때 드러나는 하얀 이가 인상적이었다. 사물을 대하는 눈이 긍정적이고 따뜻했다. 이상형의 여인이 이렇게 쉽게 나타나

어리둥절했다.

그녀는 이런 말을 했다. 버스에서 처음 보았을 때 잉크 자국난 셔츠를 입고 있는 내 모습에 신뢰감이 생겼다고. 그때 나는 내가 입고 있는 옷이 더러워 걱정했는데…. 그녀가 나의 내면을 보고 있다는 사실은 나를 놀랍도록 그녀에게 다가가게 했다.

다행히 고시에 합격했다. 나는 그녀가 나와 결혼하는 데 아무런 장애가 없다고 믿었다. 길을 걷다가 그녀가 말했다. 이 세상에서 아버지를 가장 존경하는데 이제는 미더운 사람이 한 명 더 생겼다고. 그 사람이 바로 나라고 했을 때 나는 구름 위를 걷는 듯했다.

어느 날, 미국에서 살고 있던 그녀의 어머니가 며칠 동안 서울에 오시는데 나를 한번 봤으면 한다고 했다. 시험도 합격했고 그녀와 뜻도 잘 통하는데 무엇이 문제가 되겠는가.

그녀의 어머니는 앞으로 무엇을 할 거냐고 나에게 물었다. 나는 마음에도 없으면서, 내가 '검사'가 된다고 하면 좋아하실 거라 생각하고 그렇게 대답을 했다.

그녀의 어머니가 무엇인가를 물으면 내 진심은 말하지 않고 계속 그녀의 어머니가 좋아하리라 예상되는 답변만 했다. 그러나 별로 달가운 눈치가 아니었다. 뭔가 어긋나고 있다는 느낌이 들었다.

그 후 그녀와의 관계는 순탄치 않았다. 그녀는 내게 다가

오려 하다가도 부모의 눈길을 의식하곤 했다. 나는 당시 그녀의 부모가 가난한 나에게 딸을 시집보내 고생시키고 싶지 않기 때문이라고 생각했다. 그녀의 부모를 '속물'이라고 내 멋대로 단정하고 함부로 행동했다.

그러나 그녀는 나를 포기하지 않았다. 자신의 부모와 며칠이라도 함께 보내면 반드시 나를 좋아할 거라면서 자신의 부모를 뵈러 미국에 함께 가보자고 여러 차례 설득했다. 그러나 그녀가 정말 나를 좋아하면 부모가 어떤 결론을 내리더라도 다시 나를 찾을 거라는 생각에 그녀의 제의를 무시해버렸다.

홀로 미국에 간 그녀가 국제전화를 통해 부모의 뜻을 거역할 수 없다며 흐느꼈다. 2년간 나는 매일 담배 연기 속에서 그녀의 소식을 기다렸다. 그러나 아무 소식이 없었다. 결국 그녀가 결혼했다는 이야기를 바람결에 듣게 되었다.

어느덧 세월은 훌쩍 흘러 나도 사십 대 후반의 나이가 되었다. 법률 일로 나를 찾는 사람들이 많으면 많을수록 나는 고도에 홀로 있는 사람처럼 외로웠다.

돈이 되고 힘이 될 듯싶은 일에는 벌떼처럼 모여들지만 내면의 이야기를 허심탄회하게 나눌 사람은 좀체 드물어 보였다. 사랑하는 아내가 곁에 있고 친구처럼 대화가 되는 아들딸도 있지만 나는 아직도 누군가로부터 더 많은 사랑을 받고 싶다.

어느 날인가 헤어진 그녀 어머니와의 첫 만남이 떠올랐다. 그때 그녀의 어머니께 내 속 깊은 이야기를 솔직하게 말하지 않았던 것이 나의 큰 문제였다는 생각이 문득 스쳐 갔다. 그녀의 어머니도 여느 사람들처럼 당연히 세속적 가치를 추구할 거라 건너짚고 그녀의 어머니를 존중하며 대하지 않았었다.

내가 추구하는 바를 성의껏 전하면 될 뿐인데도 상대방의 뜻을 멋대로 짐작하고 그에 맞추려고만 했으니…. 내가 그녀의 어머니였다 해도 존중받지 못한다는 느낌을 받았을 것이고 그런 사람에게 딸을 맡길 수 없었을 것이다.

내 외로움의 궁금증이 풀렸다. 외로움은 내가 남을 존중하지 않고 나 자신의 생각 안에 남과 나를 가둘 때 생겨나는 마음의 병이었다. 이제껏 내 진심을 성심껏 표현하지 않으면서 사람들이 먼저, 나에게 진심으로 다가오기만을 기다렸다. 아내와 아이들, 형제, 직장동료, 사회에서 알게 된 무수한 사람들…. 한 사람 한 사람 떠올려보았다.

나의 다정한 눈빛, 나의 온화한 미소, 나의 부드러운 말씨를 기다리는 사람들이 주위에 너무나 많았다. 내가 사랑할 사람이 이처럼 많다는 것, 그것만으로도 나는 행운아였다. 다가오는 봄날에는 내 가슴속 사랑의 씨앗을 온 천지에 뿌려보리라.

나는 연애가 어렵다

홍세미

 지난여름, 2년 반 동안 만난 남자친구와 헤어졌다. 그는 나에게 정말 헌신적이었다. 아침엔 깨워줘, 점심엔 밥 사줘, 저녁엔 데려다줘, 울면 달래줘, 화내면 받아줘…. 그야말로 나만을 위한 만능엔터테이너가 따로 없었다.
 내가 그를 좋아하는 것보다 그가 나를 좋아하는 마음이 더 크다는 걸 알았기 때문에 나는 왕처럼 굴었다. 약속을 마음대로 정하고, 보고 싶다며 아무 때나 내가 있는 곳까지 달려오게 했다. 투정 부리고 삐치고, 은연중에 '나에게 잘하지 않으면 떠나버리겠다.'는 협박도 몇 번씩이나 했다.

그런 형편없는 행동을 귀엽게 여겨주는 것이 고마운 일이라는 것을 알면서도 더 멋대로 굴었다.

그런데 그런 그가 떠나겠다고 했을 때 나는 무너졌다. 처음엔 그의 결별 선언을 얕보고 "그래, 헤어지자."라고 호기롭게 말해놓고 나중엔 헤어질 수 없다며 옷이 다 젖도록 펑펑 울면서 그에게 매달렸다. 스스로도 꼴불견이라고 생각했지만 멈출 수 없었다. 그런 꼴을 보이고도 잡지 못해 그와는 그렇게 헤어졌다.

시간이 지나면 괜찮아진다더니 정말 그랬다. 울며불며 매달렸던 것이 무색하게, 전화번호를 잊듯 이별의 괴로움도 옆구리의 허전함도 쉽게 잊었다.

그런데도 계속 괴로운 부분이 있다. 바로 그가 나의 못난 성격을 알고 있다는 점이다. 쿨한 척하다가 퉁퉁 부은 눈으로 오열하던 나의 모습을, 떼쓰고 억지 부리던 나의 모습을 그는 알고 있다. 나를 얼핏 아는 사람들은 내가 멀쩡하게 살아가고 있다고 생각하겠지만 그는 나의 가면을 벗기고 나의 바닥을 본 사람이다.

나에게 연애는 정말 어렵다. 이별하는 순간의 추함은 그렇다 치더라도, 함께 잘 지내는 동안에도 나의 못난 부분을 드러나게 한다. 사귀기 전 혹은 연애 초반의 이해심 많고 상식적이던 그 여자는, 오래가지 않아 권위적이고 이기적이고 변덕스럽게 변해버린다.

고백하건대 나는 그동안 "사랑한다면서 이런 것도 이해해주지 못해?"라고 외치며 남자친구들을 못살게 굴었다. 그리고 그들이 나에게 헌신적으로 넓은 아량을 베풀어주는 것을 당연하게 생각했다. 과연 그들은 나를 어떤 여자로 기억하고 있을까? 나와 만났던 것을 후회하지는 않을까? 연애가 끝날 때마다 '목격자'가 하나씩 더 늘었다고 생각하면 가끔 밤에 잠이 안 온다.

그 남자친구는 떠나며 내게 말했다. "사랑받고 싶으면 네가 먼저 그만큼 사랑해야 해." 이 말을 떠올릴 때마다 부끄러움에 얼굴이 화끈거린다.

나는 사랑받지 못할까 겁이 나서 먼저 마음을 열지 못한 채 그가 먼저 내게 온 마음을 던져주길 바라고, 그런 증거를 보여주기만을 기대한 것이다. 나약한 나를 보호하기 위해 사랑하지도 않으면서 나를 사랑해주지 않는다고 다그치며 남을 괴롭게 한 것뿐이다.

그래서 지금은 '좋은 사람이 되자. 몸과 마음이 튼튼한 사람이 되어서 좀 더 성숙하고 자신 있는 연애를 하자.'고 결심하고 있다.

그러나 연애의 흥망성쇠는 언제나 새롭기 때문에 지금의 이 생각을 다음 연애에 써먹을 수 없을지도 모른다. '목격자'만 또 늘어나 후회로 밤을 지새울지도 모르겠다. 다시 연애를 하게 되면 가면이 아니라 내 온 마음을 자신 있게 내던질 수 있는 그런 사랑을 하고 싶다.

누가 그녀를 싫어할까?

김원우

야근을 하던 날, 처음 만난 거래처 그 여직원의 첫인상은 그다지 좋지 않았다. 며칠 밤을 새운 사람처럼 꼬질꼬질한 모습으로 나타나 내 야식을 다 먹어 치우고는 자기 할 일만 휘리릭~ 하더니 인기 드라마 삼순이를 보러 가야 한다며 바람처럼 사라졌다. 나의 정신줄을 풀어놓은 채….

얼마 후 그 거래처에서 같이 일해보자며 연락이 왔다. 단순 업무만 하던 내가 사진을 찍을 수 있고 디자인을 배울 기회일 것 같아 옮기기로 했다.

새로운 직장 첫 출근! 가슴속 설렘을 가득 안고 출근했는데 내 정신줄을 풀어놓은 그녀가 앉아있었다.

나는 한 번 봤다고 알은체하며 수줍게 인사를 했지만 그녀의 반응은 쌀쌀했다. 아, 역시! 그녀의 두 번째 인상도 좋지 않았다. 그래서인지 그녀가 자꾸 눈에 거슬렸다.

아니! 그녀의 행동을 이해할 수 없었다. 만화에나 나올법한 동작으로 사무실을 폴짝폴짝 뛰어다니고, 잡지 마감 때만 되면 콧물이 난다며 휴지로 양 콧구멍을 틀어막는다. 남자직원이 옆에 있건 손님이 오건 그녀는 상관하지 않는다.

어느 날은 내 앞으로 오더니 콧구멍을 틀어막았던 휴지를 뽑으며 말했다. "아~ 나는 콧물도 이렇게 맑다니깐~" 헉! 나는 충격으로 얼굴이 빨개졌다.

출근길 우연히 그녀와 같은 지하철을 탔다. 내릴 때가 되었는데 그녀가 사람들 틈에 끼어 내리지 못하고 있었다. "잠시만요~" 하고는 그녀의 팔을 잡아 같이 내렸다.

그리고 퇴근길 지하철역에서 만난 그녀는 또 만원 지하철을 머뭇거리며 타지 못하고 있었다. 나는 지하철 문을 막아서며 그녀를 떠밀다시피 지하철에 태웠다. '뭐야~ 이 여자! 방안퉁수잖아!'

워낙 털털해서 남자 같은 줄 알았다가 의외의 모습을 발견한 나는 그녀를 지켜보기 시작했다. 그녀의 다른 모습을 발견한 것은 회사에서 하는 좌담회 때였다.

중요한 대화가 오가는 중에 그녀가 조용히 들어왔다. 티

셔츠와 바지만 입고 다니던 그녀가 정장을 차려입고 얌전하게 차를 가지고.

나는 털털한 그녀가 어떻게 하고 나갈지 궁금해 지켜보았다. 컵을 쓰러트리지는 않을까? 차를 흘리지는 않을까? 불안해서 나까지 긴장되었다. 그러나 그녀는 너무나 다소곳하게 조용히 차를 따라 드리고 정리까지 하고 나갔다.

그리고 중간중간 조심스레 들어와 빈 잔을 채워주고는 조용히 빠져나갔다. 참석자들이 물이 필요한지 차가 필요한지 어떻게 아는지…. 그녀의 배려하는 마음이 느껴졌다. 털털하기만 하고 보이시해 보여 '박군'이라고 불렸던 그녀에게 이렇게 여성적인 면이 있을 줄이야….

그녀가 조금씩 달리 보이기 시작했다. 주변 사람이 뭐기 필요한지 알아내 채워주는 그녀, 마음 편하게 웃음 짓게 하는 그녀가 진정 여성스러운 여자가 아닌가!

동호회 모임 같은 데 가면 긴 머리 휘날리며 하늘하늘한 치마를 입고 새침만 떨고 내숭 떠는 여자들과 다르지 않은가. 그런 여자들은 잠깐 호감을 주지만 결국 긴장만 시키는 불편한 여자일 뿐이다.

그녀는 여전히 마감 때면 양 콧구멍을 휴지로 틀어막고 사무실을 폴짝폴짝 뛰어다닌다. 그리고 밤새워 일하느라 힘들 텐데도 간식도 챙겨주고 피곤해하는 우리를 위해 먼저 씨~익 웃어준다.
 상대방을 편안하게 무장해제시키는 그녀! 보고 있어도 절로 웃음 짓게 하는 그녀! 그런 그녀를 누가 싫어할까?

첫눈에 반한 거예요

제이에스 리

　내 인생에서 하나의 터닝 포인트를 만들었던 한 사람이 있어요. 나는 어렸고 그 사람을 정말로 사랑했어요. 아니, 어쩌면 그 사람을 정말로 사랑한 게 아닐지도 몰라요. 내가 그 사람을 만난 지 40일 만에 그 사람이 죽었으니까요. 옛날에는 내가 좀 잘난 체하고 교만했는데 그 사람이 정신적인 지주가 되어준 것 같아요.
　이 사람이 우리 학교에 놀러 왔다가 나를 봤나 봐요. 졸업 시험이 끝나는 날 우리 반 학생이 "너를 한 70% 아는 남자가 너를 꼭 소개해달라고 하는데 어떻게 할까?" 물어요.

"나도 나를 잘 모르는데 누가 감히 나를 70%나 알겠느냐. 그런 소리 하지 마라." 그랬더니 꼭 만나고 싶다는데 소원 좀 들어주라고 해요.

"여왕봉다방으로 나와라." 하길래 "그러자."고 했죠. 졸업시험까지 봤으니까…. 여왕봉다방은 종로 2가에 대학생들이 많이 가는 곳이었는데 나는 그때까지도 부끄러워서 다방에 못 들어갔거든요.

기웃기웃하다가 문 앞자리가 비어있기에 얼른 거기 앉았지요. 한참 있으니까 저 안쪽에서 친구가 안으로 들어오라고 해요. 소개해준다는 남자가 왔느냐고 물었더니 안 왔대요. '다행이다.' 하면서 얘기를 하고 있는데 누가 앞에 와서 딱 서요.

첫눈에 반한다는 얘기 들어봤어요? 웬만한 남자는 눈에 보이지도 않던 나였는데…. 보니까 군청색 점퍼에다가 빨간 마후라를 한 파일럿이더라고요. 나를 보고 웃는데 웃는 얼굴이 핸섬해서 너무 부끄러웠어요. 쳐다볼 수가 없어서 고개를 떨구고는 아무 말도 못 하고 한참을 앉아있었는데, 그 사람이 "미안합니다." 하고는 그냥 나가더라고요.

소개해준 동창이 오더니 야단을 치는 거예요. 싫으면 싫다고 하든지, 바쁘다고 일어설 것이지 사람을 면전에 놓고 어쩌면 그렇게 무안을 줄 수 있느냐…. 그러면서 사과라도 하라는 거예요.

난 뭐라 말해야 할지 모르겠다니까 그냥 얘기를 걸어보래요. 하여튼 등 떠밀려서 겨우 갔어요. 마주 앉으면 부끄러우니까 그 사람 옆에 주저앉았어요. 그런데 아무리 생각해도 물어볼 말이 없어서 "제 이름 아시지요?" 그랬더니 그 남자가 웃어요.

그러다가 음악을 좋아하느냐 어쩌냐 하면서 조금 풀어졌지요. 매주 토요일하고 일요일에만 그 사람이 외출을 나오기 때문에 우리가 만난 것은 다섯 번밖에 안 돼요.

그러다 크리스마스 때가 됐어요. 12월 24일이 내 생일이고 22일에 학사고시가 있었는데 그 사람이 친구한테 하루 종일 나를 에스코트 해주면서 점심도 사주고 저녁도 사주라고 해서 그 사람 친구가 다 해줬어요.

그런데 바로 그 시간에 여주 상공에서 폭격 연습하다가 비행기 엔진이 폭파하면서 달려있던 폭탄이 터졌대요.

내가 시험 보기 전날, 21일에 전투기들이 하늘에 하얀 연기를 뿜으면서 쫙 날아가는 게 창밖으로 보여요. 그 사람이 그전에 그랬어요. 자기가 비행기 타면서 늘 나를 생각한다고. 그래서 나도 선물을 해야지 하면서 그 사람이 좋아했던 관음보살 그림을 잘 싸고 편지를 쓰는데 마치 다시는 만나지 못할 것 같은 편지가 써지는 거예요.

'어머, 내가 이 사람하고 이별하는 것 같은 편지를 쓰네?'

하면서도 그냥 썼어요. 편지를 넣고 리본을 매서 시험 다음 날 만날 친구한테 전해주라고 해야지 그랬어요.

23일이 돼서 그 친구를 만나러 갔는데 날 보더니 손에 든 게 뭐냐고 물어요. 그 사람한테 줄 거라고 하니까 "이거 받았으면 얼마나 좋아했겠니…." 그래서 "무슨 사고 났어?" 했더니 아니래요. 다그쳤더니 어제 죽었다는 거예요. 내가 얼마나 놀랐는지…. 어린애처럼 울었어요.

버스를 타고 공군기지가 있는 김포공항으로 가는데 창밖에는 눈이 내리고 있었어요. 갔더니 시신이 벌써 국군묘지로 갔다는 거예요. 그리고 딱 한 달 후인 1월 21일 안장식에 갔어요.

나는 그 한 달 동안 트라우마를 겪었어요. 그러니까 그냥 좋았던 감정이 그 남자가 죽으면서 갑자기 사랑으로 변한 거지요. 정말 궁핍하고 힘든 시간이었어요.

졸업식 날, 한 선배가 막걸리를 사주면서 레코드판 하나를 줬어요. 그 사람과 내가 여왕봉다방에 가면 주인이 항상 틀어주던, 우리가 좋아하는 브라더스 포의 '그린필드'라는 노래가 들어있었어요.

그 판을 주면서 "하느님이 너를 굉장히 사랑하시는가 보다. 너처럼 별난 사람한테 어느 남자가 눈에 차겠니? 조금 사귀다가 '저 남자는 뭐가 싫어.' 하면서 딱 차버릴 텐데, 이 사람은 평생 네가 가질 수 있도록 하려고 하느님이 일찍 데려가셨나 보다…." 하는 거예요.

그때는 그 말이 굉장히 야속하게 들렸어요. 그런데 살면서 보니까 정말 그 선배가 맞았는지 몰라요. 지금 이곳 미국에서도 군청색 공군 유니폼만 보이면 쫓아가서 안 본 척하면서 얼굴 한번 봐야만 직성이 풀려요. 그 사람이 아닌 줄 뻔히 알면서 그래요. 그 사람은 옛날에 죽었고, 한국 사람인데…. 그래도 버릇이 됐어요.

그 사람은 말도 그렇게 많지 않았어요. 그저 엷은 미소로 얘기를 받아주는 것이 그 사람에게는 기대어도 될 것 같았고 어리광을 부려도 받아줄 것만 같았어요.

언덕 위에다가 예쁜 집을 짓는다든지 그런 얘기를 언뜻언뜻 들려준 것, 눈이 막 쏟아지는 날 걸어가면서 손을 꼭 잡아줬던 것이 며칠 전 일이었는데…. 언젠가 만날 것 같은 그런 느낌이 들었어요.

사람은 자꾸 만나다 보면 그 사람의 결점을 보게 되고 그러면 실망하고 사랑이 식잖아요? 그런데 이 사람은 언제나 가장 아름다웠던 그 모습 그대로 내 마음속에서 계속 자라는 거죠. 계속 좋은 기억만 반복되면서…. 가끔 살다가 공허한 시간이 있으면 그것을 기억하고 다시 젊은 시절로 돌아가서 어린애처럼 그런 순간을 더듬을 때도 있지요.

춥고 바람이 심하게 불던 날, 마가렛 꽃 화분 하나와 내가 주려던 그림을 들고 안장식에 갔지요. 갔더니 꼭 살아있는 것처럼 웃으면서 찍은 커다란 영정사진이 동생한테 들려서 오더라고요.

그때 시인 티즈데일의 'The She그 여자'라는 시가 막 생각이 나요. '그 여자가 사랑하는 사람의 장례식에 갔다. 그의 집안 식구는 아무도 모른다. 다들 상복을 입었는데 자기 혼자만 상복이 아닌 화려한 옷을 입고, 그 장례행렬을 따라가면서 슬펐다…'

세상에! 그 시를 읽고 슬펐던 내가 바로 그 모습으로 그 사람의 친구와 함께 맨 뒤에서 꽃을 들고 거기를 따라가고 있는 거예요.

그 사람 유골함이 묻히고 그다음에 그 사람의 손톱하고 머리털을 담은 요만한 게 그의 신발 속에 담겨 묻히고 내 그림이 묻히고, 그리고 얼음덩어리처럼 찬 흙을 덮었지요.

그리고 졸업은 했는데, 물론 내가 그 사람과 언약 같은 걸 한 건 아니었지만 앞으로 살 일이 까마득한 거예요. 그 사람을 그렇게 묻어놓고 내 인생이 변했어요.

대학을 졸업하고 원자력연구소와 대학원에 다녔어요. 통근버스를 타면 남영동이 종점이에요. 그러면 거기서 동작동 국립묘지 가는 버스를 다시 타는 거예요. 겨울에는 찬 바람 불고 캄캄하지요.

산 중턱쯤에 공군 묘가 있었는데 거기에 가서 앉아있으면 편안해요. 전에는 내가 캄캄할 때 산을 간다는 건 상상도 못 했는데 그땐 아무런 무서움이 없었어요. 하루에 있었던 일들을 그냥 얘기하면서 산을 넘어가는 거죠.

그 사람이 죽은 후 3년 동안 매일 그렇게 살았어요. 그리고 그다음 6월 6일에 '내가 여기에 오는 것은 오늘을 마지막으로, 이제 나도 내 삶에 더 정열을 쏟으며 살아야겠다.' 마음먹었죠. 그러고는 미국 올 때 한 번 가고는 안 갔어요.

가끔가다 지금은 얼마나 변했을까, 산이야 변함이 없겠지, 소나무만 커졌겠지…. 그런 생각은 해요.

옛날에는 그런 것이 가슴 아팠지만 지금은 한없이 아름다운 것 같아요. 그래서 내가 세상을 보는 눈도 달라졌고, 또 그렇게 늘상 나를 지켜주는 좋은 사람이 내 가슴속에 있기 때문에 좋은 거죠.

나는 이렇게 결혼했다

예물인데 이 정도는 하셔야죠

정재원

연애한 지 올해로 5년째, 드디어 결혼을 하게 된다.

스물다섯에 만나 서른에 하는 결혼이니 첫 만남부터 지금까지 연애의 달콤쌉싸름한 모든 것들을 겪어봤다. 하루라도 만나지 않으면 미칠 것 같았던 설렘의 나날들을 지나 일주일에 한 번 만나도 뭘 할지 고민하던 권태기까지….

상처와 다툼 끝에는 이별을 고해보기도 했지만 그럴 때마다 번번이 '그래도 이 남자 말고 또 누굴 만날 수 있을까?' 하는 생각에 되돌아오곤 했다.

양가 부모님의 상견례를 마치고 결혼 준비를 시작하게 되자 주위 사람들은 저마다 근엄한 표정으로 조언했다.

"결혼은 집안과 집안의 만남이야. 이제부터 고생 시작이다. 제일 많이 싸울 때니까 마음 단단히 먹고 꼼꼼히 따져가면서 준비해. 남들 하는 거 다 하고 받을 거 다 받아야 뒤탈 없는 게 결혼이다."

결혼 준비라는 게 집 구하고 신접살림 대충 채워 넣으면 되는 줄 알았던 나는 갑자기 조급한 마음이 들어 결혼 준비를 하는 예비 신부들의 커뮤니티에 가입했다.

그곳은 별천지나 다름없었다. 스튜디오 촬영, 드레스, 메이크업 견적은 어떻게 받아야 하는지, 예단비와 봉채비, 꾸밈비가 무엇이며 어떻게 해야 잘 받는 것인지, 예단 삼총사와 예물 삼종 세트는 어떻게 구성되어 있고 이바지와 답바지는 어떻게 해야 하는지, 수많은 질문과 답변으로 정보들이 넘쳐나고 있었다.

'난 절대 이런 허례허식 따위는 하지 말아야지!' 생각했지만 시간이 지날수록 나도 점점 동화되기 시작했다. 만나기만 하면 예단이 어떻고 예물이 어떻고를 읊조리는 나에게 남자친구는 이해가 되지 않는다는 듯 말했다.

"왜 그렇게 해야 해? 그냥 우리한테 필요한 것만 하면 되지." "나도 처음엔 그렇게 생각했지. 하지만 이렇게 줄 거 다 주고, 받을 거 다 받는 게 나중에 딴소리도 안 나오고 이로운 거래."

그렇게 우리도 남들처럼 예물도 보러 다니고 명품가방도 보러 다니기 시작했다. 엄청난 가격에 입이 벌어졌다가도 "그래도 예물인데 이 정도는 하셔야죠."라는 말 한마디면 정말 그런가보다 싶었다. 남자친구는 예물을 마련하겠다는 내 의견에 내내 시큰둥한 표정이었지만 그래도 별다른 이의를 제기하지는 않았다.

그러던 어느 날 저녁, 백화점에서 실컷 눈요기만 하다 나왔더니 다리도 아프고 배도 고파 길거리에서 국화빵 한 봉지를 사들었다. 따끈따끈하고 고소한 국화빵을 하나씩 입에 넣으며 길을 걷는데 갑자기 남자친구가 말했다.
"있잖아, 나는 너무 감사하다."
"뭐가?"
"아무것도 없는 나에게 너무나 많은 걸 주시는 주님께 감사하지. 우리가 이렇게 만나 결혼하게 된 것도 너무 감사하고…."
뜬금없는 그의 말에 나는 국화빵을 꿀꺽 삼켰다.
"나는 지금 내가 가진 것에도 감사하지만, 못 가진 것에도 감사해."
"그래. 나도 감사해…." 맞장구를 쳐주면서 왜 그렇게 목이 메고 눈시울이 뜨거워지던지…. 그래, 다이아반지 그까짓 거 없으면 어때. 가진 것에 감사하고 못 가진 것에도 감사할 줄 아는 사랑하는 남편이 생기는데….

결혼이란 게 주고받는 장사도 아닌데 남들처럼 하려고 했던 나 자신이 한없이 부끄러워졌다. 입속에는 국화빵을 한가득 넣고 눈물을 방울방울 흘려대는 나를 보며 남자친구는 당황하다가 이내 내 손을 따스하게 잡아주었다.

결국 우리는 예단과 예물을 대부분 생략하고 반지만 하나씩 나눠 끼기로 했다. 우리에게 의미 있는 것들만 준비하니까 싸울 일도 별로 없었다.

결혼이 열흘 앞으로 다가온 지금, 앞으로 함께 살아가면서 좋은 일도 있겠고 나쁜 일도 있겠지만, 눈물 젖은 국화빵을 삼키며 걷던 그날처럼 감사하는 그 마음 하나만큼은 잊지 않고 살아야겠다고 다짐해본다.

아내와 맺어준 사진 한 장

이장욱, 박설빈

박설빈 제가 가장 좋아하는 사진이 하나 있습니다. 남편을 처음 만났을 때, 이틀 후에 뉴욕을 떠난다고 했더니 다음 날 봉투 하나를 주면서 나중에 보라는 거예요.

비행기 안에서 그 봉투를 열어봤더니 거기에 어느 노숙 여인의 사진이 있었어요. 적선을 하고 있는 그 여인의 속눈썹에 눈물이 맺혀있는데 눈물방울이 금방 떨어질 것 같았어요. 그 사진을 보는 순간, 이런 사진을 찍을 수 있는 사람이면 인생을 나눌 수 있겠다는 생각이 들었죠.

저는 비행기 안에서 그걸 곧바로 스케치해서 거기에 제

연락처랑 같이 넣어서 보내주었어요. 한참을 서로 못 보고 전화, 편지, 팩스로만 주고받다가 8개월 만에 다시 만났죠.

결국 그 사진이 저와 남편을 맺어준 거예요. 웃음 나중에 알고 보니 남편이 NYU 학생 시절, 노숙자인 백인 여자를 찍은 것인데 정말 아름다운 사진들이 많았어요.

제가 남편에게 더 반한 건 사진을 잘 찍고 전시를 하고 그런 점이 아니라 집 없는 그 길거리 여자를 개인적으로 진짜 많이 도왔다는 사실이었어요. 지금도 그 사진을 제 갤러리에서 다시 전시하고 싶다는 생각을 자주 해요.

이장욱 그 사진은 학교 다니면서 3년 반 동안 한 프로젝트로 찍은 거였어요. 그 백인 여자는 타자수였는데 직업병이 생긴 거예요. 타이핑을 더 이상 못 하니까 직장을 잃고, 할 줄 아는 건 그것뿐이라 다른 일도 못 구하고 집세를 못 내다보니까 그냥 길에 나앉게 된 거예요. 개를 6마리, 7마리나 데리고….

나중에야 알았지만 가족들이 멀쩡하게 다 있는데 그랬더라고요. 창피하니까 그런 사정 알리지도 않고 "난 잘 지내, 넌 잘 지내니?" 하면서 말이죠. 잘 씻지도 못하고 너무 더러우니까 제 아파트에 데려와서 샤워하도록 해줬어요. 그럼 욕조고 뭐고 난리가 나죠.

길에서 자고 그러니까 몸이 성한 데가 없어요. 누워있으면 약 발라주고, 반창고 붙여주고…. 그런데 길에서 노숙하며 지내니까 마약도 접하게 되고 많이 헤매는 것 같아서 제가 항상 그랬어요. "조금만 기다려주라. 내가 기자가 되면 널 더 도와줄 수 있을 것이다." 나중엔 집도 구해주고 했는데, 길거리에서 마약하고 주사 맞고 그러다가 에이즈에 감염된 거예요. 그때도 병원에 저랑 같이 갔어요.

사실 그때 '에이즈' 하면 그 사람들하고 손만 닿아도 감염되는 줄 알았을 때예요. 지금은 배워서 그렇지 않다는 걸 알지만…. 혼자 마스크 쓰고 들어가서 병문안해주고 "너 이제 이런 데 또 오지 마!" 이러면서 손잡고 얘기해주고, 그 모든 과정을 지켜봤는데… 결국 에이즈 합병증으로 죽었어요. 제가 뉴욕타임즈 인턴 하기 바로 전에….

살아있었으면 뉴욕타임즈에 기사화해달라고 요청해볼 수도 있었고, 나도 돈도 좀 생기고 해서 더 도와줄 수 있었는데… 그땐 저도, 설빈이도 진짜 가난했었거든요.

박설빈 어린 나이니까 마음은 돕고 싶어도 도울 수 있는 게 얼마 없었거든요. 둘 다 일하면서 그날 먹고 살고 그날 먹고 살고 할 때였으니까요.

그런데 그 와중에도 그 여자분을 너무너무 헌신적으로 도와주는 모습을 보면서 제가 사랑에 빠지게 되었어요. '멋있는 사람이다. 참 좋은 사람이다. 마지막까지….'

인턴 되고 나서 "조금만 더 버텼으면 도와줄 게 많이 있었을 텐데…." 하면서 그렇게 마음 아파하더라고요.

이장욱 할로윈데이에 룸메이트 형이랑, 아는 친구랑 이스트 빌리지 길거리에 나갔다가 사람이 워낙 많아서 형들이랑 한 5미터 정도 떨어졌어요.

룸메이트 형이 저 앞에 가다가 누군가를 쳐다보는 거예요. 앞에 다른 친구가 또 그 누군가를 쳐다보는 거예요. 그래서 저도 그 시선을 따라 쫓아가다 그 누군가를 발견한 거죠. 그 누군가가 '설빈'이었어요. 웃음 그렇게 만나게 되었는데 다음다음 날 뉴욕을 떠난다는 거예요. 그래서 헤어질 때 그 사진을 넣은 봉투를 나중에 보라고 하면서 준 거죠.

올해가 설빈이랑 함께 하는 스무 번째 할로윈데이에요. 해마다 할로윈데이 때는 처음 만났던 그곳에 가서 사진을 찍어요. 분장하고….

지금도 여전히 이스트 빌리지를 떠나지 못하고 사는 건 우리에겐 아주 의미 있는 곳이기 때문이지요.

단재 신채호 선생의 중매

신계숙

1987년 나는 마산의 가톨릭 여성회관 야학에서 청소년들을 가르치고 그들과 이야기도 나누며 지내고 있었다. 아버지가 일찍 돌아가신 뒤 너무도 힘들게 살다 보니 결혼은 내 이야기가 아닌 것처럼 살았다.

한번은 서울 사는 친구한테서 전화가 왔다. 내가 야학에 나간다는 소리를 어디서 들었는지 흥분한 목소리로 말했다.

"니, 단재 신채호 선생의 〈조선상고사〉 한번 읽어보래이. 그분 억수로 애국자라카이. 나도 그 책 읽고 감동했다 아이가. 꼭 읽어보거래이."

그런 전화를 받은 지 며칠 뒤, 나이 많은 딸이 못내 걱정되셨던 어머니가 전화를 하셨다. 참한 총각이 있으니 서울로 선보러 올라오라고.

그때 나는 어느 정도 나의 갈 길을 결정한 터였다. '그래, 이번이 마지막이야. 요번에 내 반쪽을 만나지 못하면 미련 없이 수도자의 길을 가는 거야.' 하며 4월의 어느 일요일 선을 보기로 약속했다.

그날은 아침부터 봄비가 기분 좋게 부슬부슬 내렸다. 나는 네다섯 시간을 고속버스 속에서 지낼 생각을 하며 지난번 친구가 권한 단재 신채호 선생의 〈조선상고사〉를 보면서 가기로 마음먹었다.

일찍 서둘러 고속버스터미널 근처의 책방에 들렀다. 당시는 조그만 문고판이 유행이었는데 아무리 찾아도 그 책이 보이지 않았다. 결국 책을 사지 못한 채 고속버스에 올랐다. 봄비가 촉촉이 내리는 차창 밖의 풍경은 살아있는 듯 생동감이 넘쳤다. 살며시 다가왔다가 사라지는 아주 독특한 풍경이 나를 포근히 감싸주었다.

서울에 도착하여 장충동 어느 찻집에서 그 남자를 만났다. 자그마한 키에 까무잡잡한 얼굴, 별다른 감흥 없이 다가오는 첫인상이었다. 식사를 함께하는 도중에 자연스레 책 이야기가 나왔다. 보기와는 달리 안 읽은 책이 없을 정도로 꽤 해박했다. 나는 사려다 못 산 〈조선상고사〉 이야기를 하며 읽고 싶다고 했다.

그런데 갑자기 이 남자가 양복 안주머니에서 내가 그렇게 찾던 〈조선상고사〉 문고판을 꺼냈다. 나를 만나러 오는 길에 시간이 남아서 책방에 들렀다가 이 책이 눈에 확 띄어 샀노라고 했다. 이 운명적 만남을 어떻게 이해해야 할지 몰라 한동안 혼란스러웠다.

그 후 우리는 1년여를 서울과 마산을 오간 끝에 결혼식을 올렸다. 그도 나도 무일푼이었지만 그런 것은 아무래도 좋았다. 결혼 후 힘들고 어려운 일이 있을 때마다 '우리는 단재 신채호 선생이 중매한 사람들인데'라는 생각으로 품위와 교양을 지키며 열심히 살고 있다.

당신 왜 나를 안 깨워?

조영순

살면서 제가 받은 덤 중에 가장 큰 것이 '결혼' 같아요.

소개로 남편을 만났는데 그 당시 직업도 없다는 거예요. 나한테 이런 남자를 소개해주다니 기분이 상해서 식사나 하고 빨리 헤어져야지 생각했어요. 웃음 그런데 소개해준 남편 친구가 "네가 영순 씨를 전철역까지 모셔다드려라." 그러는 거예요. 그랬더니 남편이 역까지 걸어서 가면 좋겠대요.

30분을 걸으며 대화를 하는데, 제가 이제까지 만나보지 못했던 남자더라고요. 여고 시절 흠모하던 선생님, 대학 동창, 사촌오빠, 동네 남자들까지 하면 수많은 남자들이 제 주변에 있었는데도 그런 남자는 처음이었어요.

보통 결혼 적령기에 소개로 만나면, 남자들이 여자한테 잘 보이기 위한 말을 많이 하잖아요. 그런데 이 사람은 그런 게 전혀 없었어요. 뭐라 말로 표현이 안 되는데웃음 얘길 나누다 보니, 이 남자를 놓치면 다시는 이런 남자 못 만날 것 같은 느낌이 들었어요. '이 남자가 리어카를 끌더라도 나는 밀어줄 수 있겠다. 이 남자라면 나를 행복하게 해줄 것 같다.'는 자신감이 생겼어요.

애프터에 응하고 몇 번 더 만났는데, 언제부턴가 저한테 계속 가톨릭 신자가 되길 강요하는 거예요. 그때 남편이 시각장애인들을 돕고 있었는데 저도 동참하기를 원하더라고요. 그런데 저는 굉장히 가난한 집에서 자랐기 때문에 적선보다 내 입에 들어갈 빵이 급한 사람이었어요. 물론 믿음이 가는 사람이지만 여기서 확실히 짚지 않으면 안 되겠다, 이 남자와 함께했다가는 정말 가난하게 살 수밖에 없겠다는 생각이 들어서 결단을 내렸죠.

"훌륭한 마음씨를 갖고 있는 건 알겠지만 나는 남을 도울 만큼 여유가 없다." 그랬더니 그다음부터 저한테 세례받아라, 시각장애인 함께 돕자 이런 얘기를 안 하는 거예요.

그리고 신자 되기를 강요하지 말라고 부탁했더니 하느님 얘기도 쏙 뺐어요. 예전에는 판공성사 보러 가야 한다면서 데이트하다가 가버리고 그랬거든요. 그런 배려하는 모습에 보이지 않는 신뢰가 쌓여가고, 이 남자한테는 정말 특별한 것이 있다는 걸 느꼈죠. 그래서 결혼했어요.

예상대로 신혼 첫날부터 생활고에 시달려야 했어요. 남편이 간신히 직장을 구한 데다 저 또한 능력이 없어서 당시 제 월급이 35만 원, 40만 원이었거든요.

어느 날 '내가 한 달에 35만 원 버느니 남편을 성공시키면 300만 원을 벌어오지 않을까? 그럼 남편을 어떻게 성공시키지?' 고민했는데 '계속 칭찬과 격려만 해주자. 어떤 상황에서도 남편의 기를 죽이지 말고 항상 응원하고 칭찬하고 격려해주자.' 제 자신하고 약속한 거예요. 왜 학생들도 선생님이나 엄마가 열심히 하라고 하면 하는 척만 하는데, 자기 스스로 약속하면 열심히 하잖아요.

저도 저와의 약속을 지키겠다는 일념으로 남편에게 진심으로 칭찬하고, 부부 싸움을 아무리 크게 해도 절대 기죽이는 말은 안 했어요. 그랬더니 정말로 경제적인 안정이 오는 거예요.

남자들이 술 마시고 집에 늦게 들어와서 늦잠 잘 때가 있잖아요. 저는 남편이 늦잠을 자도 깨우질 않았어요. 왜냐면 이 남자를 믿으니까요. 웃음 저는 남편이 푹 잘 수 있게 아기를 업고 밖에 좀 있다가 들어가곤 했어요. 집이 좁은데 아기가 울면 자는 데 방해되잖아요.

 하루는 남편이 거의 10시까지 잤나 봐요. 아기를 업고 나갔다 들어오니까 남편 얼굴이 시뻘게져서 "당신 왜 나를 안 깨워줬어? 회사 잘리면 어쩌려고 그래?" 그래서 제가 "여보, 당신 같은 사람 자르면 그 회사가 손해지 당신 손해 아니야!" 했어요.웃음 신혼 때 했던 그 말이 지금까지도 남편을 지탱해주는 힘이 되는 것 같아요.

 지금도 부부동반 모임에서 말은 "집사람이 그때 그렇게 철이 없어서…" 하며 옛이야기를 하지만 뿌듯해하는 것이 느껴져요. 그러니까 남자는 칭찬하고 격려해주면 성공해요.웃음 물론 진정성 없이 건성으로 하면 안 되고요.

 그랬더니 친구들과 시댁 식구들이, 또 제 결혼생활을 아는 주변 사람들이 저한테 '현명한 아내'라는 타이틀을 주는 거예요. 남편도 저를 내조 잘하고 사랑스러운 아내로, 아이들도 자랑스러운 엄마 아빠로 우리를 바라봐주니 덤이 굉장히 크죠?웃음

내 생애 가장 우아했던 식사

윤학

 첫 월급을 타던 날, 나는 그녀에게 크게 한턱 쓰고 싶었다. 평소 그녀와 그럴듯한 찻집에서 차 한잔 나누거나 영화 한 편 본 적 없었다. 고작 한강 변 같은 곳에 앉아있거나 전화로 데이트를 해왔던 터였다.
 그날은 시내 중심가 고급 레스토랑에서 만나기로 했다. 그녀가 코트를 벗고 내 앞에 앉았다. 분위기 좋은 이런 곳에서 그녀와 오붓한 시간을 갖는다는 것이 꿈만 같았다.

 양복을 단정히 입은 나이 지긋한 웨이터가 다가와 메뉴판을 놓고 갔다. 막 직장생활을 시작한 나에게 꽤 부담이 되는 음식값이었다. 그녀가 조심스럽게 제안했다. 한 개를 시켜 둘이 나눠 먹자고….

웨이터가 혹시 얼굴이라도 붉히면 어쩌나 지레 걱정이 되어 잠깐 망설이고 있는데 그가 다가왔다.

그녀가 조용하게 부탁했다. 나는 긴장이 되었다. 내 우려와 달리 웨이터는 미소를 지었다. 음식이 어떻게 나올지 궁금했다. 웨이터는 두께만 반으로 얇아진 같은 모양의 스테이크를 두 개의 접시에 담아 가져오는 것이 아닌가. 순간 나는 안도하며 그녀와 눈을 맞추고 웃을 수 있었다.

그는 딸려 나오는 음식까지 모두 2인분으로 보기 좋게 만들어주었다. 주위의 멋쟁이 손님들은 우리가 한 개를 시켜 나눠 먹는다는 것을 전혀 눈치채지 못했으리라. 식사가 끝날 때까지 그는 시종 편안하고 인자한 미소를 보내주었다.

시골에서 상경한 나는 먹고 마시는 데 돈을 쓸 여유가 없었다. 대학을 졸업할 때까지 국밥처럼 양 많고 싼 음식은 사먹어도 냉면집 한 번 가본 적이 없었다. 큰 음식점 앞에까지 가서도 주눅이 들어 가격조차 알아보지 못하고 슬그머니 피하기 일쑤였다.

한번은 고향 친구가 놀러 와서 큰맘 먹고 명동까지 구경 나갔지만 유명한 음식점 앞에서 서성거리다 결국 그냥 돌아왔다.

당연한 일이지만 나는 그녀와 결혼했다. 이제 나도 넉넉하게 살지만 그녀가 입고 있는 옷은 여전히 수수하다. 그러나 그녀의 맑고 따뜻한 마음을 알기에 잘 차려입은 어떤 여성보다 아내가 좋다.

20년이 넘은 지금도 나는 그날의 그 우아한 식사를 잊지 못한다. 상대를 진심으로 배려하는 아내의 마음과 사려 깊은 그 신사의 미소를 떠올리면 지금도 내 가슴은 따뜻해 온다.

책 한 권 프러포즈

하성민

2006년 '기욤 뮈소'라는 작가의 소설 〈구해줘〉에 반해 그 작가의 다른 책도 읽어보고 싶었다. 서점에 딱 한 권밖에 남아있지 않은 책을 직원에게 찾아달라고 부탁해 손에 쥐었다. 〈완전한 죽음〉과의 첫 만남이었다. 나중에 〈그 후에…〉라는 원제 그대로 다시 나온 바로 그 책이다.

대학 시절, 학기말시험이 끝나면 소진돼버린 감수성을 충전하기 위해 도서관에서 매번 다시 이 책을 펼쳤다. '책은 읽을 때마다 그 의미를 달리하고 숨어있는 감동들이 새록새록 배어 나온다'는 말을 그때서야 처음으로 이해했다.

 기욤 뮈소가 한국을 첫 방문해 사인회를 할 때, 나는 두 시간을 기다렸다. 딱 한 마디의 프랑스어를 계속 외우면서… 꿈에 그리던 기욤 뮈소와 눈이 마주친 그 순간, "저는 〈그 후에…〉를 가장 좋아합니다."라고 말했고, 그는 다소 놀란 듯 자리에서 일어나 악수를 청하며 "나도 내 책들 중에 그 책을 가장 좋아합니다."라고 했다. 그때 느낀 작가와의 교감은 나에게 평생 남을 깊은 짜릿함으로 새겨졌다.

 대학을 졸업하고 결혼을 생각하게 될 무렵, 양장본 〈완전한 죽음〉을 한 권 더 샀다. 이 책의 감동과 책에 얽힌 내 경험을 고스란히 공유하고 싶은 마음이 든다면 내가 그 사람을 진정으로 사랑하는 거라고 생각하리라.

 "언젠가부터 미래를 생각할 때면 '난 앞으로…'라고 생각하지 않고 '우린 앞으로…' 이렇게 생각하게 됐어. 그러니까 모든 게 다 달라 보여."〈완전한 죽음〉 중 내 인생 최고의 책과 함께하는 프러포즈…. 얼마나 로맨틱한가.

 몇 개월 지나지 않아 지금의 신랑을 만나 강렬한 연애를 했고, 6개월 뒤 우리는 주책스러울 만큼 어마어마한 함박웃음을 머금고 식장에 나란히 서 있었다.

 신혼여행에서 돌아와 짐을 정리하던 중 내가 신랑에게 떨리는 손으로 건넸던 그 책이 신랑의 짐 속에 없다는 걸 알았다. 나는 헤집어진 마음을 한동안 추스른 뒤 아무렇지 않은 척 그 책의 행방을 물었다. 그런데 신랑은 나를 보지도 않고 "없어?" 그 한마디뿐이었다.

몇 주 뒤, 시댁에 가서 그 책을 발견하고는 아무 말 없이 가방에 넣어 가지고 왔다. 책은 읽은 흔적조차 없을 만큼 새 것 그대로였다. 그때의 충격이란…. 그날 밤 나는 그 책을 쓰다듬다가 내 베개 옆에 두고는 옆에서 잠든 신랑의 얼굴과 그 책의 표지를 번갈아 바라보며 겨우 잠이 들었다.

내 마음이 신랑에게는 전해지지 않았다는 걸 떠올릴 때마다 저릿한 안타까움이 밀려왔고 그 쓰라림은 꽤 오래갔다.

시간이 흘러 신랑에게 선물했던 책을 다시 꺼내 들었다. 그리고 책의 마지막 장을 덮을 즈음 응어리졌던 마음이 풀리면서 또다시 이 책이 나에게 준 선물에 미소 지을 수 있었다. 상대방에게 나의 감정과 생각을 백 퍼센트 이해해달라는 건 지나친 욕심이며, 나에게는 너무나 소중한 것이라도 다른 이에겐 그렇지 않을 수 있다는 것.

정작 나는 신랑의 생각과 값진 경험들에 대해 얼마나 귀기울여 들으려 하고 공감하려 했었나. 나를 다 받아달라고 투정을 부리면서도 신랑에게 그만큼 깊은 관심을 갖고 이해해왔는가.

늘 사랑한다고 말하면서 나는 그에게 정말 애정어린 관심을 가졌는가. 나의 철없고 이기적인 마음 때문에 신랑도 서

운한 적이 많았겠구나. 머릿속에서 징 소리가 울리는 듯한 느낌이었다. 그 후 나는 진정한 사랑이란 그 사람의 내면에 관심을 갖고 알아가려 노력하는 과정이라는 생각을 늘 되새기게 되었다.

결혼 5년째, 나는 여전히 더 이해받고 싶어서 보채기도 하고 작은 경험 하나라도 더 나누고 싶어 발을 동동 구르며 살고 있다. 그런 걸 보면 나는 여전히 신랑과의 사랑에서는 지치지 않는 욕심쟁이인가 보다.

결혼, 질문 있어요!

흰물결 결혼아카데미에서
자주하는 질문입니다.

결혼, 질문 있어요!

질문 순수한 사람을 만나 결혼해야 한다고 하시는데, 순수라는 게 추상적으로만 다가오거든요. 순수와 욕망은 어떻게 구분되는 건가요?

 가령 여기 모인 사람들도 모두 결혼을 잘하고 싶어 결혼 아카데미에 온 거잖아요. 이걸 순수라고도 볼 수 있고 욕망으로도 볼 수 있는데 이런 욕망은 자제해야 되는 건지요.

윤 학 순수한 것과 욕망, 저는 그 둘은 어떤 가치를 추구하느냐에 따라 구별된다고 생각해요. 낮은 가치를 추구하면 욕망이고, 높은 가치를 추구하면 순수라 할 수 있죠.

아무것도 몰라 순진하고 천진난만한 사람을 순수한 사람이라고 하는 분도 있는데 저는 순진한 것과 순수한 것은 전혀 다르다고 생각해요. 돈은 좀 있어야, 집은 있어야 한다는 건 결혼의 궁극적인 목적은 아니거든요. 결혼에 부수적인 것이죠.

결혼의 궁극적인 목적은 두 사람이 하나 되는 거죠. 두 사람이 하나 되면 돈도 집도 생겨요. 그러나 돈과 집이 있어도 두 사람이 하나 되지 않으면 그 결혼은 실패하고 맙니다. 그런 것을 보면 돈과 집은 두 사람이 하나 되는 것에 비해 더 낮은 가치라고 볼 수 있어요.

두 사람이 하나 되는 결혼을 하겠다는 것은 순수한 것이지만 더 낮은 가치인 돈과 집이 있어야 결혼하겠다는 것은 욕망이라 할 수 있죠.

결혼아카데미에 오는 것이 돈과 집이 있는 남자를 만나기 위한 것이라면, 그것이 결혼을 잘하는 것이라고 생각하고 오셨다면 욕망일 수 있지만, 하나 될 사람을 만나기 위해, 결혼의 궁극적인 목적을 이루기 위해 마음을 열어야겠다고 오셨다면 그보다 더 순수한 것은 없을 거예요. 전 우주가 바라는 대로 전 인류가 바라는 대로 높은 가치를 향해 사는 것은 순수지만 우주적인 관점에서 벗어나 몇몇 사람이 추구하는 가치를 향해 산다면 그것은 욕망이지요.

예수나 석가의 행적은 전 우주가 바라는 대로 전 인류가 바라는 대로 큰 가치를 향해 살았기에 순수하지만, 징기스 칸이나 나폴레옹은 자국의 이익이라는 작은 가치를 위해 사람을 죽이는 전쟁을 했기에 예수나 석가에 비해 순수하지 않다고 봐요. 전 우주적인 가치는 돈 몇 푼, 집 한 채와는 다르잖아요?

초등학교 3학년 때 옆집 친구가 죽었어요. 맨날 같이 놀고 다투기도 하던 아이인데 며칠 아프다가 죽었어요. 어른들이 관에 넣고 뚜껑을 닫는데 그걸 옆에서 봤어요.

우리 집 앞에서 보면 멀리 산이 보였는데 그 다음 날부터 맨날 그 앞산을 보면서 '결국 우리 엄마도 죽는데, 우리 아빠도 죽는데, 나도 죽는데, 우리 동생도 죽는데….' 그런 생각을 하니 모두가 불쌍하기만 했어요.

사람이 죽지 않고 살 수는 없는가. 죽으면 어디로 가는가. 그렇게 하염없이 산을 보고 있으면 우리 엄마가 "야, 너 왜 먼 산 보고 있냐. 먼 산 보고 있으면 가난하게 살어!"

그럴 때 제가 엄마한테 무슨 말을 하겠어요. 나는 죽음에 대해 생각하고 있는데, 엄마가 영원히 갈 곳을 생각하고 있는데, 엄마는 잘살고 못살고를 생각하니…. 그런 부분에 있어서는 서로 얘기가 안 되죠. 그러니까 엄마한테 야단맞고 나서도 또 멍하니 먼 산을 보고 있죠.

그렇게 인생의 근본을 생각하며 사는 것, 저는 그것을 순수라고 봅니다. 그러므로 결혼도 그 근본을 생각하며 결혼하는 것, 그것이 순수죠. 삶을 죽음으로 가는 과정이라고 생각하며 삶의 끝인 죽음을 늘 생각하면 작은 것에 안달복달하지 않기 때문에 오히려 큰 그림을 그리며 삶을 잘 살아갈 수 있지요.

결혼도 두 사람이 하나 되는 궁극적인 목적에만 주력한다면 '살 집은 있어야지, 돈도 있어야지, 결혼식은 어떻게 하나.' 하는 지엽적인 고민에서 해방되어 오히려 성공적인 결혼으로 가게 됩니다. 순수하면 조그만 것에 흔들리지 않게 되어 평온한 삶이 우리를 기다리게 됩니다.

젊은 시절 지도 결혼이 고민되었습니다. 결혼하고 아이를 낳고 나서는 어린 딸을 볼 때마다 '딸이 결혼을 잘해야 될 텐데.' 하는 걱정이 생겼습니다. 그래서 어린 딸에게 늘 순수한 사람과 결혼해야 한다고 입버릇처럼 말했습니다.

순수한 사람과 결혼하면 순수한 마음이 모이고, 그런 마음으로 세상을 살아가면 먹고사는 문제는 쉽게 해결된다고 강조했습니다.

그리고 저는 〈가톨릭다이제스트〉란 잡지를 만들면서 '내 딸이 커서 〈가톨릭다이제스트〉를 열심히 읽은 청년을 만나게 된다면 얼마나 좋을까.' 하는 희망을 품고 매달 그 안에 사람들의 순수한 마음을 담았습니다.

책을 읽는 사람들이 줄어드는 시대라 잡지발행은 경제적으로는 타산이 맞지 않는 일이었지만 저는 더 높은 가치를 위해 잡지를 정성껏 만들었습니다.

딸이 결혼할 나이가 되어 만난 남자는 〈가톨릭다이제스트〉를 열심히 읽은 청년이었습니다. 그 청년은 높은 가치를 향해 살아가려는 순수한 청년이었습니다. 〈가톨릭다이제스트〉를 만드느라 돈이라는 낮은 가치에 있어서는 손해를 보았지만, 딸을 순수한 청년과 결혼시켜야겠다는 큰 가치에 있어서는 큰 이득을 보게 된 겁니다.

순수함이란 낮은 가치를 버리며 높은 가치를 선택해가는 순례입니다. 제가 〈가톨릭다이제스트〉를 수지타산을 맞추느라 시간과 비용을 적당히 들여 그럭저럭 만들었다면 어떻게 되었을까요. 그런 얼치기 책만 읽고 자란 청년을 내 딸이 만났다면 내 딸의 인생은 어떻게 될까요?

반대로, 그 청년이 정말 순수해서 그런 책을 만드는 사람을 얼치기로 여겼다면 그런 아버지를 둔 내 딸과 결혼하기를 주저했을 것입니다.

책을 만들 때의 순수함이란 경제적인 손해를 볼지라도 책의 본래 목적에 올인하는 것입니다. 그런 목적에 올인하다 보면 결국에는 딸도 올바른 청년과 결혼시키게 되고 궁극적으로는 경제적으로도 손해 보지 않는 길을 만나게 됩니다.

결혼도 마찬가지입니다. "집이 있어야 해, 학벌이 좋아야 해." 하는 것은 순수하지 않아요. 왜? 결혼의 본질에 올인하는 게 아니라 지엽적인 것, 즉 낮은 가치를 더 중요시하기 때문입니다.

높은 가치관을 갖고 정말 영혼이 맑은 순수한 사람과 만나는 게 결혼의 본질이잖아요. 그런데 그런 본질은 제쳐놓고 "저 사람 집안이 좋대." "아주 잘생겼어." "머리가 비상해." 이런 걸 자랑하고 싶어 결혼하는 건 순수한 게 아니죠.

이런 자리에서 하는 질문도 순수해야 합니다. 공부하듯이 머리로 하는 질문과 삶을 잘 살아가기 위해 가슴 속에서 차오르는 의문은 다르니까요. 가슴으로 느끼는 것들을 질문하며 사는 습관을 들이면 좋겠어요. 그래야 삶을 따스하고 아름답게 살 수 있거든요.

배우자상 그리기

질문 막연하게 '좋은 남자 만나야지.' 생각만 하면 결혼이 어렵다. 구체적으로 배우자상을 그려야 결혼에 가까워진다고 하셨는데, 구체적인 배우자상을 그리다 보면 오히려 세상적인 시각에서 좋다는 배우자를 그리게 될 것 같아요.
　구체적인 배우자상을 어떻게 그려야 순수한 배우자를 만날 수 있을까요?

윤 학 똑같은 남자를 두고도 어떤 여자는 싫다고 하고 어떤 여자는 좋다고 하는데 그건 무엇 때문일까요. 가치관의 차이 때문입니다. 가치관이 뚜렷한 사람은 자기의 눈으로 배우자를 보게 되지만 뚜렷한 가치관이 없는 사람은 세상이 좋다는, 남들이 좋다고 말하는 것에 휘둘리죠.

이 사람이 이 말 하면 이리 흔들리고, 저 사람이 저 말 하면 저리 흔들려 결혼이야말로 굉장히 힘든 짐이 되고 말아요. 결혼을 하더라도 세상 사람들의 시각을 따랐기 때문에 자기 가슴을 만족시킬 수 없어 진정한 행복을 누리지 못하게 되지요.

제 딸이 아무리 결혼하려고 해도 가치관이 뚜렷하지 않다면 어떤 남자가 나타나도 딸은 결혼이라는 목적지에 도달할 수 없어요. 부모인 저도 뚜렷한 가치관이 없으면 딸이 결혼한다고 할 때 두렵기만 할 거예요.

그러나 제 딸도, 저도 '아, 이런 남자면 되겠다.' 하는 생각을 굳게 갖고 있으면 결혼하기가 굉장히 쉽죠. 냉장고를 사려고 하는데 어떤 냉장고를 사야 할지 분명한 생각을 갖고 있지 않으면 아무리 좋은 냉장고가 많이 진열되어 있어도, 아무리 지갑에 돈이 많아도 냉장고를 쉽게 고를 수 없어서 못 사고 돌아오는 경우가 종종 있지 않습니까?

결혼도 마찬가지로 아무리 좋은 배우자가 나타나도 확신이 없으면 결혼할 수 없죠. 제 사위는 부자도 아니고 세상에서 말하는 대단한 집안도 아니지만 그보다는 더 중요한 걸 간직하고 있었어요. 사람이 참 맑고 순수해요.

어느 부잣집 아들이 딸한테 6성급 호텔 회원권이 있다며 그 호텔 레스토랑에 몇 번 초대했지만 딸은 좋아하지 않더라고요. 그런데 사위는 처음 만나는 날 소박하면서도 정갈한 음식이 나오는 식당에 데려가더래요.

제가 어떤 의사의 이혼소송을 한 적이 있어요. 결혼할 때 처가에서 승용차와 아파트 한 채를 사줬어요. 장인 장모나 그 의사의 가치관이 서로 작용했다고 봅니다.

만약 그들이 신혼 초부터 아파트를 갖고 시작하는 것이 오히려 자신들의 삶에 나쁜 영향을 끼칠지도 모른다는 가치관을 가졌더라면 아파트를 사줘도 안 받았을 거예요. 그 의사는 처가에 돈을 더 요구하다가 아내와 싸움이 잦아졌고 결국 이혼했어요.

저는 딸을 결혼시키면서 "지금은 경제적으로 초등학생이니 월세부터 살아라. 중학생이 되면 전세 살아라. 그렇게 기초를 튼튼히 다져가면 그다음에는 집도 살 수 있는 능력이 생길 거다." 했어요. 저는 딸 내외가 앞으로 경제적으로도 잘 살거라 믿어요. 왜냐하면 경제의 초·중·고 과정을 이수하며 기초를 다져놨으니 대학이나 대학원 들어가는 게 그렇게 어렵지 않을 거니까요.

기초부터 다진 사람들이 큰 회사를 경영하는 경우가 얼마나 많아요. 빌 게이츠, 스티브 잡스를 생각해봐요. 아버지에게 물려받아 재벌이 된 사람도 있지만 스스로 기초부터 다진 재벌이 70%가 넘는대요. 이렇게 어떤 조건으로 결혼 생활을 시작할 것이냐 하는 것도 가치관에 따라 선택됩니다.

  근데 머리로 살다 보면 제 말은 들어오지 않아요. 사람들은 "있는 놈이 더 잘되고, 집이라도 가지고 시작해야 더 편하게 살고 나중에 더 부유해질 수 있다." 그렇게 주장해요. 맞는 얘기 같지만, 그런 주장은 머리로 사는 사람들의 계산일 뿐이고 실제로 살아보면 이거야말로 틀린 말이라는 걸 알게 됩니다.

  세상 사람들의 말에 휘둘리지 않으려면 막연하게 '좋은 남자'를 기다릴 게 아니라 구체적으로 나는 어떤 남자와 만나야겠다는 배우자상이 분명히 그려져야 합니다.

  그런 그림은 서로 사랑하며 잘 살아가는 부부의 삶을 보거나 진실한 가치관을 담은 책을 읽거나, 우리를 창조하신 하느님과 대화를 하면서 그려나갈 수 있습니다. '배우자를 위한 기도'를 해보세요. 분명 내가 어떤 배우자를 원하고 있는지 구체적인 그림이 그려질 겁니다.

집은 있어야 결혼한다?

질문 저희 부모님은 딸이 고생하는 게 싫으니까 경제적이든 사회적이든 좀 넉넉하고 안정된 사람과 결혼하기를 바라세요. 그런데 변호사님은 순수한 마음을 가진 상대만 있으면 경제적인 것은 부수적이라고 하셨잖아요. 저도 그렇게 생각하는데 부모님을 어떻게 설득해야 할지 모르겠어요.

그리고 변호사님이 경제적으로 여유가 없는 사위를 쉽게 받아들일 수 있었던 건 변호사님이 지금 가지고 있는 게 많기에 가능한 것이 아닐까요?

보통의 부모님들은 그런 선택을 하기가 어렵거든요. 본인들이 너무 어렵게 사셨기 때문에 자식만큼은 편하게 살았으면 좋겠다고 생각하시죠. 그래서 부모님들은 변호사님 의견을 받아들이기가 쉽지 않을 것 같아요.

윤학 참 좋은 질문이에요. 현실적으로 그런 생각들을 많이 하니까요. 제가 현실을 살아가는 데 경제적인 여유가 그렇게 중요한 것이 아니라고 하면 꼭 이렇게 말하는 사람이 있어요. "너는 변호사니까, 너는 가진 게 있으니까." 근데 저는 그런 사고방식에서 벗어나지 못하는 사람을 만나면 정말 가슴이 아파요. 사실은 그렇지 않은데….

살아보면 환경이 모든 것을 결정하지는 않거든요. 보이는 것만으로 세상을 보려는 마음 때문에 그런 생각을 갖는 거죠. 있는 사람이 더 무섭다는 이야기가 있잖아요.

가진 것이 있기 때문에 더 가진 집안이랑 결혼해야 한다는 생각을 갖기가 더 쉽죠. 가진 것이 있으니 가진 것 없는 사위를 데려올 수 있다는 논리도 맞지만 가진 것이 있기 때문에 더 가진 사위를 데려와야 한다는 논리도 맞지 않나요? 어떻게 설명해야 할까요.

그렇기 때문에 두 논리 다 진리는 아니죠. 진리는 결혼을 결정하는데 내가 가진 게 얼마냐, 상대가 가진 게 얼마냐보다 마음가짐이 더 중요한 요소라는 거예요.

제가 고시에 합격하니까 친척분이 저만 보면 "부잣집 딸과 결혼해라." "왜 그런 사람 안 만나냐." 그래요. 하지만 저는 "돈 별로 필요 없어요. 저는 그냥 순수한 여자 만나고 싶어요." 그렇게 대답하곤 했는데 그러면 그분은 제가 뭔가 모자라서 그런가 하는 눈으로 쳐다봐요.

어릴 때 우리 집은 섬에서도 세를 살아야 할 만큼 가난했어요. 아버지가 의료사고로 쫄딱 망해서 돈 한 푼 없이 섬으로 들어갔거든요. 한약방 할 점포가 필요해 선창가 상가에서 세를 얻어 살았죠. 하지만 저는 그때 가난하다고 생각해 본 적이 없어요.

밤에 선창가에 나가면 바다에서 바람이 시원하게 불어와요. 파도치는 소리도 막 들리고요. 낮에는 목포에서 온 배가 마을 앞을 지나가며 '목포의 눈물' '동백 아가씨' 같은 애수에 찬 노래를 흘려보내요. 노랫가락이 섬과 바다를 꽉 채우는 그 장면을 그려보세요. 멀리 갈매기가 날고 뒷산에 오르면 저 멀리 등대가 보이고 바닷물이 햇빛에 반짝반짝하면서 바닷바람을 실어 보내와요.

'수천 년 전에도 나처럼 바닷바람을 맞으며 이런 햇볕을 본 사람이 있겠구나. 또 수천 년 후에도 이 모습을 누군가가 보겠구나.' 서울에 사는 그 어떤 부자도 보지 못할 광경을 저는 보고 듣고 느꼈으니 제가 얼마나 부자였겠어요.

그래서 어린 시절부터 '돈은 얼마든지 벌 수 있을 거야.'

생각했고 결혼할 때도 돈이 그렇게 중요한 것은 아니라고 봤어요. 결혼에 있어서 돈이 있느냐 없느냐를 걱정하는 것은 사람보다 물질을 중시하는 그 사람의 가치관에 따른 거예요. 그런 가치관을 남한테 강요하지 마세요. '있는 사람과 결혼하면 아무래도 편히 살겠지.' 그것도 자기 생각일 뿐이지 진리도 아닌데 그걸 우기는 사람들이 있어요.

젊은 시절, 결혼하지 않은 선배가 있어 왜 결혼하지 않느냐고 물은 적이 있어요. 그는 "마누라 고생시키기 싫으니까 집이라도 장만하고 결혼해야겠다."고 대답했는데 저는 "야, 저런 책임감 있는 사람도 있구나." 하고 나를 돌아보게 되었어요.

당시 보증금 200만 원에 십여만 원 월세를 내는 단칸방을 전전하면서도 저는 "사랑하는 여자만 생기면 결혼해야지." 하고 있었던 터라 그 선배가 참 어른스러워 보였어요.

드디어 마음에 맞는 여자를 만나 결혼하기로 했어요. 저는 신혼살림을 월세부터 시작하고 싶었어요. 그런데 장인이 전세 아파트를 떡하니 계약해버렸어요. 목동에 새 아파트가 막 들어서던 때라 전셋집이 싸게 나왔다는 거예요. 계약을 파기하면 장인이 낸 계약금 200만 원만 손해 볼 것이 뻔해 그 아파트에 살기로 했습니다.

졸지에 전세 보증금 1,500만 원을 마련하느라 은행에서 융자를 얻고 아버지에게 일부 빌려야 했지만 저는 그때까지 살아온 그 어떤 집보다 깨끗한 아파트에 살게 되었고, 돈 한 푼 없던 제가 급기야 새 아파트 거주자가 된 것입니다.

결혼을 하지 않았더라면 생각조차 해보지 않았을 새 아파트에서 아내가 해주는 밥을 먹고 출근하는 하루하루가 얼마나 행복하던지요….

몇 년 후 다시 만난 그 선배는 여전히 혼자였어요. 아직 아파트 한 채 살 돈을 모으지 못했기 때문이라고 했어요. 그 말을 듣는 순간 이제는 그 선배가 책임감 있는 사람이 아니라 주종이 바뀐 돈의 노예로 보여 안타까웠어요. 저는 결혼하면 돈도 모아진다며 집을 마련하기 전에 결혼부터 하라고 강력하게 설득했지만 그 선배는 오히려 제가 세상 물정 모르는 사람이라며 고집을 꺾지 않았어요.

한 사람과의 진실한 만남이야말로 집과는 비교할 수 없이 중요하다고 믿는 사람이라면 집을 마련할 돈이 있든 없든 그 만남을 결혼으로 발전시킬 것이지만, 집이나 돈을 중시한다면 그 소중한 만남까지도 헛되이 흘려버리는 거죠.

결혼식, 혼수, 집 장만…. '결혼' 하면 이렇게 돈부터 떠올리는 사람들이 많아요. 그래서 돈 없으면 결혼도 못 한다고 하고. 그러나 무엇이 더 큰 가치일까요.

얼마 후 그 선배에게 "고등학교 나온 착한 여자가 있다."며 소개해준다니까 "너는 대학 나온 사람하고 결혼했으면서 나는 왜 고졸이랑 해야 하느냐."며 불쾌해해요.

고등학교만 다녔던 그 선배도 나중에 나이 들어 대학 갔는데 대학 졸업장을 너무 중요하게 생각하더라고요. 세상 사람들의 가치관에 얽매여 대학을 못 나왔다는 것만으로 젊음을 한탄하며 보낸 거죠. 그 선배는 지금 육십을 바라보는데도 여전히 결혼을 하지 않고 있어요. 왜? 아직도 집을 마련하지 못해서.

알고 보면 사람들이 굉장히 현실적이라고 하는 것들이 오히려 비현실적인 경우가 얼마나 많은 줄 아십니까. 집은 있어야 결혼할 수 있다며 결국 환갑이 다 되도록 결혼도 못 하는 선배가 현실적입니까, 집 없이 결혼해도 결국엔 집을 갖고 사는 수많은 사람들의 삶이 현실적입니까?

한 친구에게 "넌 꿈이 뭐냐." 물었던 적이 있어요. 친구가 "커서 실컷 돈을 벌어 마음껏 써보고 죽어야겠다."고 했을 때 그 친구가 경제적으로 넉넉하게 살지 못하겠구나 생각했어요. 왜냐하면 돈을 추구하면 돈이 도망가거든요. 왜 그럴까요? 돈이 50점의 가치를 가지고 있는데 내가 40점의 가치밖에 안 되는 사람이면 내가 돈을 졸졸졸 쫓아가게 되지요. 나보다 돈이 더 귀하니까요.

반면에 50점인 돈은 40점인 나와 함께하기 싫죠. 그러나 가치가 80점인 사람은 50점인 돈에 그렇게 목매지 않거든요. 그러면 돈이 볼 때 '아, 이 사람이 나보다 더 귀하구나.'

생각하지요. 그런 사람에게 돈이 따라가겠어요, 안 따라가 겠어요?

여러분들 학교 다니면서 결혼에 대해 배웠습니까? 머리로 생각해보면 결혼에도 답이 없고 인생에도 답이 없다고 보기 때문에 무얼 가르칠 수가 없죠. 그러나 정말로 결혼에 답이 없습니까? 인생에 답이 없습니까?

예수는 '나는 길이요 진리요 생명'이라고 분명히 말했습니다. 인생에 답이 있다고요. 그렇다면 결혼에도 답이 있지 않을까요. 마찬가지로 돈에도 답이 있는데 우리가 발견을 못 하고 사는 건 아닐까요.

백날 만나봐야

질문 오늘 강의를 들으면서 순수의 힘에 대한 메시지가 굉장히 마음에 와닿았습니다. 그런데 순수한 가치관을 유지하며 사는 게 쉬운 일은 아닌 것 같아요.

순수한 사람을 만나는 것이 어쩌면 세상 흐름에 따라 그냥 편히 살자는 사람을 만나는 것보다 훨씬 어려울 것 같다는 생각이 들거든요. 순수한 가치를 중요하게 여기며 살아가던 사람도 세상에서 부대끼다 보면 그 가치관이 변할 수 있잖아요.

순수한 가치관을 잃지 않고 산다는 것은 하느님의 축복과

은총이라는 생각도 들거든요. 그런 순수한 가치관을 유지하기 위해 어떤 노력을 하셨는지 듣고 싶습니다.

윤 학 한 번 깊어진 마음은 결코 얕은 마음으로 바뀔 수 없어요. "아, 그 사람 옛날에는 순수했는데 지금은 많이 변했어." 하는 말들을 하는데, 저는 악하게 마음을 썼던 사람이 선한 사람으로 변화될 수는 있어도 선한 마음을 진짜로 가져본 사람이 악한 마음으로 바뀔 수는 없다고 믿습니다.

우리가 머리로는 순수한 사람도 세상 물결 따라 변한다고 생각할 수 있지만, 실제로 순수한 마음을 간직해본 사람은 그 순수를 버릴 수 없지요. 보물을 간직하고 있는 사람이 스스로 보물을 버릴 수 있겠어요?

"아, 나도 어릴 때는 굉장히 순수했는데 나이가 들면서 변했지." 이런 말을 들으면 나는 '야, 이 자식 거짓말하네. 거짓말도 큰 거짓말하네.' 하고 생각해요. 순수했던 사람이 순수하지 않은 사람으로 변한 게 아니라 그 사람은 본래부터 순수하지 않았던 거죠.

어릴 때 진정 순수했던 사람은 나이가 들어서도 순수해요. 맑은 물을 먹으며 자란 사람이 깨끗한 물맛을 알아보고 나쁜 물은 못 마시는 것처럼요.

젊은 시절, 고시촌에 가면 고시 공부한다고 하면서 하루 한 시간도 책상에 앉아있지 않는 사람들이 있었어요. 시험도 아예 안 봐요. 그런 고시 낭인들은 시골 부모님이 보내준 돈으로 술 마시고 다방 다니며 세월을 보내지요.

고시촌에는 함께 벗할 젊은 놈들이 많으니까 얼마나 놀기 좋습니까. 맨날 고시에 떨어졌다며 돈 부치라고 해도 그 어려운 고시에 떨어졌으니 누가 야단이나 칩니까?

오히려 부모님들은 아들의 마음을 달래주려고 인삼이며 보약을 지어 보내기도 하죠. 고향에서는 모두 열심히 공부하는 줄 알 거 아니예요. 그렇게 먹을 것 입을 것이 오니 얼마나 편한 하루하루예요.

고시 낭인들은 고시를 포기했다는 말도 절대 안 해요. 그 말을 꺼내는 순간, 고시생이라는 위세도 사라지니까요. 함께 모여앉으면 굉장한 고담준론이 펼쳐져요. 애국심, 민주주의에 대한 갈망, 썩어 문드러진 세상에 대한 질책…. 그러나 공부는 전혀 안 해요. 이렇게 '고시생'과 '고시 낭인'은 비슷한 것 같지만 전혀 다릅니다.

착한 것하고 착한 척하는 것도 완전히 다르죠. 순수한 것과 순수한 척하는 것도…. 순수한 척하는 사람은 상황이 조금만 어려워지면 오염된 길로 갈 수 있어요.

그런데 진짜 순수하고 깊은 순수를 한 번 맛본 사람은 오염된 길로 절대 못 갑니다. 머리로는 '이랬다가 저랬다가 할 수도 있는 게 인간이지.' 생각할 수 있지만 실제로는 그게 안 되는 거지요. 고시생에게 고시 낭인 생활을 하라고 하면

할 수 있겠습니까?

그러니까 진짜 순수를 맛본 사람은 순수하게 살 수밖에 없다는 거죠. 그 순수의 맛이 얼마나 대단한지 가슴 깊이 알기 때문이에요. 그러니까 순수하지 않은 길을 가는 것이 더 낫다고 누가 아무리 꾀어도 안 넘어가요.

이방원이 정몽주에게 자신의 뜻을 따라주면 온갖 권세를 준다고 회유하지만 끝내 죽음으로써 자신의 순수함을 지키고 말지요. 예수도 석가도 마찬가지예요. 그런데 배신자들은 어때요? 가룟 유다도 진짜 순수의 맛을 안 본 거지요. 맛본 척만 하고 산 거지요. 그러니까 배신하는 거예요.

우리의 가슴은 순수한 남자, 순수한 여자를 만나고 싶은데 사람들은 이 세상에 그런 사람이 없다고 합니다.

더구나 사람들은 돈 많은 사람을 만나야지 순수한 사람을 만나면 가난하게 살 거라고 말합니다. 그런 말을 들으니 결혼을 앞둔 젊은이들은 결혼이 막연히 불안한 거죠. 그러나 자신이 정말 순수한 사람이면 세상 사람들의 말에 흔들리지 않아요.

그런데 순수한 사람을 만나면 좋다는 건 알지만 '세상에 순수한 사람이 어디 있겠어?' 의문을 가진 사람이 많아요. 하지만 인간은 모두가 순수하려고 해요. 왜? 그렇게 창조되었기 때문에 그게 더 가치 있다는 걸 어렴풋이나마 본능적으로 느끼는 거죠. 그래서 확신을 가져야 해요. 순수한 사람을 만나기가 어렵다고 하지만 실제로는 순수한 사람을 만나기가 훨씬 더 쉽다는 것을!

　남녀가 서로 만났을 때 "학교는 어디 나오셨어요? 돈은 어느 정도 있어야 결혼하지요." 이런 얘기만 나누면 저 사람이 순수한 사람인지 아닌지 알기 어려워요.
　그러나 사람의 내면에 있는 본질적인 대화를 나누다 보면 그 사람이 순수한지 아닌지 나오잖아요. 그래서 사람을 만나면 그런 본질적인 대화를 나누려는 마음가짐이 필요해요. 내 마음 깊은 곳은 열지 않은 채 적당히 분위기나 맞추며 시간 보내다 보면 순수한 사람을 앞에 놓고도 발견할 수 없게 되지요.
　세상에 순수한 사람이 없다면 여러분은 순수하지 않은 사람, 오염된 사람과 결혼해야 해요. 그런데 여러분이 그런 사람과 결혼할 수 있겠어요? 여러분이 아무리 결혼하려고 해도 안 될 거예요. 왜냐하면 여러분 각자는 오염된 사람과 한평생을 살 수 있을 만큼 오염된 사람이 아니라 하느님이 만드신 너무나 고귀한 존재들이기 때문이지요.

　그래서 결국 순수한 상대를 찾는 것이 더 쉬운 길이에요. 그런 사람을 만나야만 여러분의 가슴에 결혼할 마음이 심어질 테니까요. 그게 답이에요.
　순수한 사람이 현실적으로 없을 줄 알고 그렇고 그런 사람 백날 만나 결혼하려고 해봐야 결혼이 안 돼요. 여러분 가슴이 용납을 못 하지요. 내 말 거짓말인가 한번 그런 사람과 결혼하려고 해보세요. 결혼이 되는지.

순수한 배우자란

질문 순수한 사람이 가치 있다는 걸 알려면 자기의 가치관도 확고해야 하고 상대를 알아볼 수 있는 안목도 있어야 할 것 같아요. 그런데 변호사님은 청년 시절 그런 가치관을 어떻게 갖게 되셨는지 궁금합니다.

윤 학 이 세상에 절대적으로 순수하거나 절대적으로 오염된 인간은 없다고 봐요. 저는 51%만이라도 순수한 가치 쪽에 더 비중을 두는 사람이라면 순수한 사람이라고 생각합니다. 인간은 불완전한 존재니까요.

제가 순수를 얘기하지만 저라고 돈 싫어하겠어요? 아니에요. 저도 돈 좋아해요. 예쁜 여자 좋아해요. 인간은 다 그래요. 그렇지만 51%라도 순수를 추구하면 일단 순수한 사람이에요.

가톨릭이 좋은 점이 뭐냐면 인간이 불완전하고 죄 많은 인간이라는 것, 그걸 인정하는 거예요. 이 세상에 100% 순수한 사람은 없어요. 인간의 눈으로 볼 때 예수님은 흠이 없습니까? 아, 서른세 살 먹을 때까지 결혼도 안하고 특별한 직업도 없고 여기저기 돌아다니며 말만 하고 다니잖아요. 그럼 부모님은 얼마나 속이 썩었겠어요. 그 나이에 일도 좀 해야 하지 않습니까?

하지만 예수님은 그런 것보다 더 큰 가치를 향해 간 거죠. 그러니까 더 큰 가치, 더 순수한 것을 향해서 가는 사람을 순수한 사람이라고 정의해야 합니다. '이 친구에게 이런 약점도 있지만 순수한 부분이 더 많구나' 이렇게 봐야 한다는 거죠. 순수한 마음을 더 키우려고 하는 사람, 완성을 향해 가려고 하는 사람 그게 순수한 거예요.

저는 인간을 그렇게 이해해야 한다고 봅니다. 절대적으로 내가 순수해야 하고 상대도 절대적으로 순수한 사람이어야 결혼하겠다는 것은 인간에 대한 파악이 잘못된 거지요. 그런 전제 아래 내가 더 순수해지려고 하면 좋은 사람을 만날 수밖에 없어요. 좋은 책을 보고 좋은 꿈을 꾸고 있으면 그만큼 내가 순수해지지요.

순수한 꿈을 꾸면 반드시 이루어집니다. 그런데 꿈인 척 하는 것은 안 돼요. 요즘 꿈 없는 사람이 많아요. 좋은 꿈을 꾸려면 어떻게 해야 할까요? 가장 좋은 방법은 좋은 사람을 만나는 거예요. 좋은 사람을 만나는 게 좋은 꿈을 갖는 가장 확실한 길이에요.

제가 시성식에 초대받아 로마에 간 적이 있어요. 로마는 처음이라 가기 전에 로마에 수십번 다녀온 장인한테 "로마 가면 뭘 꼭 봐야 될까요?" 물었더니 "로마에 뭐 볼 것 있다냐." 하는 거예요. 로마에 볼 것이 없다니…. 장인이 참 성의도 없이 대답하신다 싶었죠. 그런데 마지막에 "로마 가면 교황님 얼굴 한 번 보면 되지." 그래요.

그 당시 교황 요한 바오로 2세는 고개도 못 가눌 만큼 건강이 형편없는 노인이었잖아요. '그 노인 얼굴은 봐서 뭐 하게.' 하고 생각했어요. 로마에 가서 여행책에 나오는 바티칸이며 베네치아 광장, 트레비 분수 뭐 이런 데를 열심히 돌아다녔어요. 그런데 지금은 기억이 하나도 안 나요. 진짜 '로마에 볼 것 없다'던 우리 장인 말이 맞더라고요.

여행의 거의 막바지에 시성식이 열리는 바티칸 베드로 광장에 갔어요. 사람이 어떻게 많은지 그 넓은 광장이 미어터

질 정도였어요. 저는 초대받아 갔으니까 비교적 제대와 가까운 좋은 자리에 앉아서 교황이 나타나기를 기다리고 있었지요.

그런데 저 멀리 광장 끝에서 군중 사이로 교황의 무개차가 보이는데 거리가 멀어서 내게는 교황이 하나의 점처럼 보였어요. 그 점이 내 쪽으로 조금씩 다가오는데 나도 모르게 막 눈물이 나오더라고요. 제가 광신자도 아니고 논리적인 법학을 공부한 변호사인데 왜 그 조그만 점을 보고 눈물이 났을까요?

교황이 사람들에게 미치도록 사랑을 주고 싶어 하는 게 가슴으로 느껴졌어요. 광장에 있는 사람들에게 내가 무얼 줘야 할까 하는 사랑이 온몸에서 빛처럼 흘러나오고 있었어요. '아, 저 노인이 사람들한테 사랑을 주려고 진짜 애쓰는구나…'

요한 바오로 2세는 〈몸의 신학〉에서 고담준론만 하지 않았어요. 남자와 여자가 만나면 얼굴 마주 보고 서로 껴안고 몸뚱이로도 사랑하라고 했어요.

우리 생각에 교황은 신성한 영적인 이야기만 할 것 같은데 좀 이상하잖아요? 그래서 저는 가톨릭이 좋아요. 종교가 온전히 영적인 것만 다루는 것 같지만 가톨릭은 인간의 육적인 것까지 진지하게 대면하거든요.

그렇게 사랑을 주고 싶어 몸부림치는 교황을 보고 나니까 내가 어떻게 살아야 할지 꿈이 생겼어요. '내 인생의 방향이 저거구나!' 하고요. 대통령들을 봐도 내가 저런 사람이 되어야겠구나 하는 생각을 가질 수 없었는데 다 쓰러져가는 한 늙은이를 보고 진정한 꿈을 갖게 된 거예요.

요한 바오로 2세하고 클린턴 대통령하고 함께 걷는 사진을 본 적이 있어요. 요한 바오로 2세 옆에 있으니 세계 최강국이라는 미국의 대통령이 아이처럼 보이더라고요.
나이 얘기가 아닌 것 아시죠? 사랑의 크기를 말하는 거예요. 사진 속 교황의 얼굴에는 큰 사랑이 담겨 있었어요. 그래서 진짜 훌륭한 사람 한 번 보는 것이 얼마나 중요한지 몰라요. 그런 사람들을 보면 우리가 자연스럽게 진정한 꿈을 갖게 되고 그래서 또 순수해지는 거죠. 일동 웃음

종교가 다른데 어떡하죠?

질문 저는 혼기가 다 된 자녀를 두고 있는데요. 아이들 결혼을 앞두고 어느 정도까지 부모가 관여해야 하는지 모르겠어요. 특히 종교가 다른 점에 대해서는 부모로서 얘기해야 될 것 같은데 어떻게 해야 하죠? 자칫 강요가 될까 봐 고민이 돼요.

윤 학 가톨릭 신자하고 가톨릭 신자가 만나면 말이 잘 통합니까? 종교가 같다고 해서 성공적인 결혼 생활을 할까요? 그런 형식의 틀에 얽매이지 마세요.

얼마 전 한 자매님이 고민을 털어놓으며 조언을 구했어요. 유학 간 딸이 중국 남자와 결혼을 하려 하는데 부모로서 말려야 하는지 고민이라는 거예요. 아무래도 국적이 다르면 어려움이 있을 것이라는 생각이 들겠지요.

그런데 한국 사람끼리 결혼하면 문제가 없을까요? 국적이나 종교도 무시할 수 없는 요소이긴 하지만 결혼의 본질은 사람과 사람의 만남이지 국적이나 종교의 만남은 아니잖아요. 자녀가 올바른 가치관을 갖고 있고 상대방도 올바른 가치관을 갖고 있으면 국적이든 종교든 나이든 상관없지 않을까요.

그래서 저는 그 딸이 어떤 사람인지 물어봤어요. 엄마의 얘기를 들어봤더니 그 딸은 엄마 이상으로 생각도 깊고 올바른 가치관을 갖고 있는 여성이었어요. 그래서 저는 "국적이나 종교에 묶여있는 엄마의 가치관이 문제지, 딸의 선택에는 문제가 없으니 딸에게 온전히 맡겨도 될 것 같다."고 했어요.

얼마 후 그 딸과 중국 청년이 제 사무실로 인사를 왔어요. 그 청년과 이야기를 나눠보니까 그 어떤 한국 젊은이보다 더 반듯하고 훌륭했어요. 개신교 신자였는데 분명한 신앙관도 갖고 있었고요. 가톨릭 신자 못지않게 가톨릭적 세계관을 가진 청년이었어요.

그의 마음이 투명하게 내 마음속으로 스며들어오는 것 같앉어요. 사랑으로 가득 찬 맑은 눈을 가지고 그리스도의 뜻대로 살겠다는 열정이 쏟아져 들어왔죠. 어떤 이야기든 숨김없이 솔직하게 자신의 마음을 털어놓는 젊은이와 한 공간에서 숨 쉬고 있다는 사실이 한없이 기뻤습니다.

저와 종교도 다르고 국적도, 언어도, 나이도 달랐지만 저와 종교도 같고 국적도, 언어도, 나이도 같은 사람과 얘기를 나눌 때보다 훨씬 행복해졌습니다. 그 자매님 딸도 그와 만나면 마찬가지의 느낌을 받았을 거예요.

저는 그 두 사람을 위해 기꺼이 결혼 주례를 했고, 결혼식 날 그 자매님의 일가친척이 있는 자리에서 그 중국 청년이 얼마나 순수하고 신앙심이 깊으며 얼마나 열정을 갖고 세상을 살아왔는지, 그리고 그의 비전이 얼마나 아름다운지 얘기했습니다. 중국 청년과 결혼한다는 소식에 의아해했을 하객들도 행복해하는 표정이었습니다.

우리는 같은 나라 사람끼리, 비슷한 연령끼리, 비슷한 학벌끼리, 경제 수준도 비슷하게 만나야 결혼생활이 행복할 거라고 믿습니다. 하지만 부모들은 결혼의 본질을 보려 하는 마음을 키우고, 간섭하려는 마음은 줄여야 합니다.

만약 자녀들이 결혼의 본질적인 부분을 놓치고 돈을 보고, 학벌을 보고 결혼하려 한다면 말려야겠지요. 그러나 자녀들의 가치관이 올바르다고 믿는다면 그냥 놔두는 게 최고로 좋아요.

물론 결혼의 본질이 무엇인지는 제대로 이야기해줄 수 있어야 하지 않을까요. 자녀들이 결혼에 대한 눈을 바르게 기를 수 있도록 말이죠.

요즘 부모들은 자녀들 고생시키기 싫다고 집 사주고 차 사주고 살림 챙겨주고 하는데 그건 자녀들 삶에 독약이 아닐까요. 자녀들이 살림 하나하나 장만하며 스스로 채워가는 재미를 가로채는 사람이 누구일까요? 집을 장만하기 위해 경제적인 계획을 세워나갈 수 있는 힘을 빼앗아가는 것이 부모의 역할일까요? 고기 한 마리 주는 것보다 고기 잡는 법을 알려주어야 한다고 말하면서도 고기 한 마리 주고 생색내는 것으로 자기만족에 빠지는 부모들이 늘어나는 것 같아 안타까워요.

결혼 준비하고, 집 장만하고, 살림살이 마련하는 것 모두 가만히 놔두면 돼요. 그런 건 부모가 간섭 안 하면 안 할수록 좋다고 봅니다.

저희 아이들 학교 다닐 때, 저와 아내는 책을 만드느라 밤늦게, 또는 새벽에 집에 들어가는 경우가 많았거든요. 그런데 그 새벽에 아파트 주차장에 들어가면 엄마들이 아이 학원 보내려고 차에 시동 걸고 앉아 있는 걸 자주 봤어요.

하지만 우리 애들은 그 시간에 쿨쿨 잠자고 있죠. 엄마 아빠가 뒤치다꺼리를 못 하고 간섭도 안 하니까 지네들끼리 서로 도우며 크더라고요. 큰애가 둘째 가르치고 둘째가 셋째 밥 챙겨주고, 숙제도 봐주면서 자기들끼리 살아갔어요.

셋이서 성당도 빠지지 않고 다니고요. 그러니 얼마나 훌륭하게 크겠어요. 제 입으로 훌륭하게 컸다고 해서 죄송하지만 지금도 아이들에게 뭘 맡기면 잘 해내고 무엇보다 대화가 통해요. 그게 너무 좋아요. 자립심도 생기고 가치관도 올바르고.

부모들이 해줘야 할 것은 어릴 때부터 훌륭한 사람을 만나게 하는 것, 좋은 책 읽게 하는 것, 함께 시간을 보내는 것이에요. 하지만 학원 보내고 공부 강요하고 세속적인 가치관으로 결혼 상대 만나야 한다고 강요하는 것은 오히려 아이들이 스스로 인생을 살아갈 힘을 빼앗는 간섭 같아요.

5년 전 한 친구가 명문대를 나와 좋은 직장 다니는 예쁜 딸이 있다면서 의사나 변호사 사윗감을 소개해달라고 해요. 딸이 공부도 잘하고 미모도 되니까 자기처럼 고생하며 사는 샐러리맨 사위는 싫다는 거예요.

답답한 마음이 들어 "너야말로 딸의 결혼을 방해하는 사람이다." 하고 이런저런 이야기를 했지만 내 말에 귀를 기울이려고 하지 않더라고요. 그때 딸이 서른이었으니 이제는 서른다섯이 되었겠지요. 아직도 결혼 못 했어요.

삶에 중심만 서면 나머지는 다 하느님께서 채워주십니다.

제가 살아보니까 그래요. 이게 삶의 오묘한 신비예요. 사람들이 좋은 글을 읽도록 해야겠다는 순수한 마음에서 〈가톨릭다이제스트〉 하나 열심히 했을 뿐인데 생각지도 않았던 것들이 덤으로 생겼어요.

 여러분은 왜 제 강의를 들으러 오셨어요? 저는 변호사지 결혼 박사도 아니고 짝지어주는 결혼 매니저도 아닌데….
 그런데 이렇게 많은 젊은이들이 제 결혼강좌에 모였잖아요. 이게 현실입니다. 결혼의 본질에 충실하게 순수한 마음으로 결혼을 준비해나가면 그 마음에 품은 것들이 현실이 됩니다.
 순수함은 꿈으로 끝나는 게 아니라 현실이 되어 우리 앞에 나타납니다. 순수함이란 결혼에 정말 중요해요. 순수한 마음으로 결혼을 하면 많은 것을 얻게 되니까요.
 제가 지혜는 사랑에서 나온다고 했잖아요? 그런데 그 사랑은 순수함에서 나와요. 순수함이란 그저 순진하게 사는 것이 아니라 큰 가치관을 향해 나아가는, 본질적인 것을 굳건히 지키려는 마음가짐입니다.

결혼은 겸손해야

질문 "남자 너무 믿지 말고 마음을 다 주지 마라. 그래야 사랑을 얻을 수 있다." "여자가 너무 한 사람한테 빠지면 남자는 다른 여자에게 한눈을 판다."

한 사람에 올인하며 정말 사랑하고 싶은데 이런 말을 하도 들으니까 흔들리기도 했어요. 그런데 오늘 강의를 듣고 좋은 남자를 만나야겠다는 확신이 생겼어요.

순수한 사람을 만나라고 하셨는데 사실 순수한 사람이 흔하지 않잖아요. 그래서 순수하지 못한 남자를 만나도 제 노력으로 변화시킬 수 있지 않을까요?일동 웃음

윤 학 땅 밑에는 분명 수많은 샘물이 있는데도 우리는 땅만 보고 샘물이 없다고 생각해요. 파 보면 어디에건 샘물이 다 있는데 찾아보지도 않고 없다고 생각하는 거죠. 하지만 다행인 것은 세상에는 좋은 남자가 많다는 거예요.

샘물이 있는데도 겉만 보고 샘물이 없다고 판단해버리듯이 좋은 남자를 앞에 두고도 겉만 보고 아니라고 쉽게 판단해버리죠. 사람은 그냥 겉만 보아서는 그 진가를 알기 힘들어요. 샘물을 발견하기 위해서는 땅을 깊이 파야 하듯 사람을 알려면 진정한 대화를 해봐야 해요.

젊은 시절 저는 여자를 만나면 이 여자가 정말 어떤 사람인지 끝까지 얘기해봤어요. 그러면 그 사람의 깊이가 나오는데 그런 성의도 없이 그냥 인상 한번 보고 몇 마디 말만 듣고 '저 여자는 저런 여자'라고 쉽게 판단하면 되겠어요?

누구를 판단하려면 자신이 사람을 볼 줄 아는 능력이 있어야 하는데 그런 능력도 없으면서 몇 마디 말에 '이 남자는 저질이구나.' 함부로 판단해버리니 얼마나 교만합니까. 인간에 대한 존중이 하나도 없는 거지요. 그래서 겸손하지 않으면 결혼은 먼 나라 이야기가 되고 마는 겁니다.

요즘 우리가 세상 누구든 다 평가만 하려 들잖아요. 사랑의 눈이 아니라 평가의 눈으로 보면 이 세상에 괜찮은 사람이 몇이나 될까요. 아마 형편없는 놈만 보일 거예요.

그러니 설령 좋은 사람이 눈앞에 나타나도 기회를 잃게 되지요. 청춘남녀들이 늘 그런 잘못을 저지르면서 배우자감이 없다고 잘난 척만 하다가 세월을 보내요.

내가 어떤 한 사람을 만났으면 인간이라는 위대한 존재를 만난 거잖아요. 그 위대한 인간이 진정 어떤 생각을 갖고 있는지 서로 얘기를 진지하게 나누는 것이 옳지요.

저도 결혼아카데미 때 여러분이 이 화이트홀에 들어서는 모습을 보면 기분이 묘할 때가 많습니다. 주차하면서 수위에게 고압적으로 말을 한다든가, 엘리베이터에서도 무심한 표정이나 싸늘한 눈으로 훑어보는 젊은이들을 만나면 내 말이 통할까 염려가 되지요.

'아이구, 저 사람들을 위해 내가 왜 이렇게 힘을 쏟아야 하나?' 그런 마음이 들 때도 있어요.웃음 그런데 제가 그런 젊은이들의 겉모습만 보고 불신해버리면 저는 아무것도 할 수 없게 돼요. 삐딱한 젊은이로 보이더라도 저 안에 감추어진 순수가 있다고 믿으니까 이렇게 결혼아카데미를 열 수 있는 거죠. 이런 시간을 통해서 여러분 안에 있는 귀한 것을 일깨워주기만 하면 결국 여러분은 제 예상보다 더 고귀한 것을 찾으려 할 테니까요.

결혼하려면 우선 자기 눈부터 떠야 해요. 먼저 자기가 성숙해야 합니다. 인간이 성숙한다는 건 뭘까요. 공부 많이 하는 거? 아니에요. 성숙한다는 것은 인간을 존중하는 거예요. 인간을 사랑하는 거예요. 그게 진짜 성숙이에요. 인간을 정말로 진지하게 바라볼 수 있어야 하는 거죠. 상대방을 위해서도 또 자신을 위해서도.

사랑이란 게 나에 대한 사랑을 배제하면 그건 사랑이 아니에요. 나를 위해서도 상대방을 위해서도 일단 만났으면 가슴속에 뭐가 있는지 서로 얘기할 수 있어야 해요. 평가하려 들지 말고 상대를 일단 신뢰하고 상대의 마음을 느껴야 해요. 이게 진짜로 만나는 거지요.

어떤 입장에 있건 인간을 정말로 존중해보세요. 그 사람이 비록 나와 적대적인 관계에 있는 사람일지라도. 새로운 세상이 펼쳐질 겁니다. 그게 성숙이에요. 인간을 진심으로 존중하면 인간에게서 모든 것이 다 나와요. 결혼 상대도 나오고, 돈도 나오고 모든 게 나옵니다.

몇 달 전, 한 은행 지점장이 다녀갔는데 아내 이야기가 나오니까 너무나 자랑스러워하는 거예요. 아내 이야기만 나오면 이 사람 입이 귀에 걸려요. 그래서 어떻게 결혼했느냐고 물었어요.

야간 대학원을 다니던 중 친구를 사귀게 되었는데 그 친구가 결석하면 강의 노트도 복사해다 주고 힘든 일이 있으면 기꺼이 도와주었대요. 어느 날 그 친구가 "야, 여자 소개시켜줄까?" 하더래요. 그렇게 해서 여자를 만났는데 알고 보니 그 친구의 여동생이더래요.

그분은 저를 만날 때도 영업 상대로 대하는 게 아니라 한 사람으로 격의 없이 진실하게 대했어요. 그런 사람이라면 나 같아도 여동생을 소개했겠다는 생각이 들었어요.

내가 성숙하면 상대방도 성숙한 사람으로 변화시킬 수 있어요. 내가 상대를 존중하지 않는다면 상대도 내 말을 귀담아들으려 하지 않을 것입니다. 내가 성숙하지 않은 사람이면 상대도 성숙한 태도를 보이지 않습니다.

사람을 변화시킬 수 있는 힘도 진정으로 사람을 존중하는 데서 나온다는 사실을 분명히 알았으면 합니다. 명심할 것은 '존중하는 척하는 것'과 '진실로 존중하는 것'은 완전히 다르다는 사실입니다. 형식적으로 존중하는 척하는 것은 아예 무시하는 것보다 더 나쁜 결과를 초래합니다. 상대에게 진실로 관심을 가지면서 자신의 진심을 보이는 것, 그것이 진정한 존중이라고 생각합니다.

그렇게 상대를 진실로 존중하면 나를 진심으로 사랑하게 될 사람이 눈앞에 나타납니다. 그리고 그런 자세로 사람을 대하면 상대방도 변화하게 됩니다.

긴가민가 싶을 때

질문 강의를 듣고 나니 제가 순수하고 아름다운 가치관을 가지고 살면 언젠가는 누군가가 나를 알아봐 주리라는 안도감도 생기지만, 만약 그런 사람이 안 나타나면 어떡하나 하는 불안감도 있습니다. 상대방이 순수한지 아닌지 확신할 수 없을 때도 많고요.

긴가민가 싶을 때는 인간에 대한 존중을 바탕으로 그 사람이 어떤 사람인지 좀 더 알아봐야 하는 건지요? 사람을 사귈 때 어떤 기준으로 순수한 사람인지 아닌지를 판단해야 하는지 궁금합니다.

윤 학 중요한 것은 진짜 순수한 사람은 늘 우리 곁에 있다는 사실이에요. 제가 〈가톨릭다이제스트〉 시작할 때 독자가 500명, 들어오는 돈은 80만 원밖에 안 되는데 나가는 돈은 매달 천여만 원이 넘었어요. 그럼 잡지사가 망해야 맞잖아요. 게다가 사람들은 인터넷이다 스마트폰이다 해서 점점 더 책을 멀리할 거라고 했어요.

그런데 저는 '세상이 아무리 험악해도, 아무리 기계문명이 침투해도 사람의 마음속에는 분명히 순수함이 심어져 있다. 그리고 사람들은 누구나 그걸 가까이하고 싶어 한다. 그 진리를 깨뜨릴 것은 이 세상에 없다' 하는 신념이 있었어요.

내 신념이 틀렸다 해도 사람이라면 그럴 것이라는 가정도 했어요. 그러니 이 책에 순수함만 잘 담으면 사람들이 열심히 보게 될 것이라는 확신이 들었어요. 그런 확신을 갖고 순수한 잡지를 만드는 데에만 집중했어요.

잡지 수익도, 구독자 늘리는 것도 중요하지만 그것은 나중 문제고 내가 해야 할 일은 오직 하나, 사람들이 애타게 찾고 있는 순수함을 보여주는 것이었어요. 그렇게 집중했더니 결국 독자도 늘기 시작했어요. 지금은 8만 부를 발행하는 커다란 잡지로 성장했지요. 성경에 쓰인 30배 60배 100배보다 훨씬 더 많은 160배의 열매가 맺혔어요.

삶은 우리가 믿는 대로 되는 거예요. 사람들의 말대로 '잡지는 안돼! 더군다나 종교잡지는…' 했더라면 저도 잡지를 시작하지 못했을 것이고 시작했더라도 망했을 거예요.

결혼도 마찬가지예요. '내가 순수한 사람을 만날 수 있겠어?' 하면 순수한 사람을 만날 수 없어요. 설령 순수한 사람을 만나도 그 사람을 믿을 수 없어 결혼으로 나아가지 못하고요.

세상에는 분명히 순수한 사람이 있다는 신념을 가지고 살면 반드시 그런 사람이 나타나요. 그런데 그런 사람이 나타나지 않으면 어떡하나 걱정하거나 그런 순수한 사람은 환상에 불과하다고 생각한다면 여러분은 순수하지 않은 사람과 결혼할 운명이라고밖에 말할 수 없죠.

그런데 여러분은 순수하지 않은 사람과 결혼하고 싶으세요? 그러고 싶지는 않을 테니까 여러분은 평생 결혼할 수 없다는 결론에 도달하게 되는데 얼마나 모순입니까?

결혼하려면 세상에는 선남선녀가 많다는 믿음을 갖는 것에서부터 출발해야 해요. 순수함을 가진 사람이 이 세상에는 너무나 많다는 것, 그런데 내가 마음을 열지 못하고 있다는 것, 내 가려진 눈 때문에 남의 순수함을 알아보지 못하고 있다는 사실을 먼저 알아야죠.

저도 결혼할 때 걱정했어요. '순수한 사람을 만나고 싶은데 그런 사람이 있을까? 나는 그런 여자를 꼭 만나야겠다.' 하고서 사람을 만날 때 순수함을 갖고 있는지 그 하나에만 집중했어요. 그랬더니 내 가슴 속에 품어온 순수함을 가진 그런 여자를 만났어요. 정말 놀라운 일이지만 그녀의 내면으로 깊이 들어가 보니 사람 안에는 너무나 아름다운 세계가 있더라고요.

집사람은 음악을 참 좋아해요. 그냥 좋아하는 게 아니라 가슴으로 좋아하는 게 느껴져요. 늦은 밤 옆에 누워 얼마나 행복하게 동요를 부르는지…. 그리고 좋은 글을 읽고, 좋은 사람을 만나도 정말 행복해하지요.

아내는 책 만드느라 밤새 일하고 새벽에 집에 들어가도 아이들을 세심히 챙기고, 집안일에도 정성을 쏟는 여자예요. 돈은 적게 벌어와도 전혀 불평이 없고 많이 벌어와도 크게 기뻐하지 않아요.

그런데 한번 척 봐가지고 상대가 순수한 사람인 줄 그냥 알 수 있나요? 식사도 해보고 대화도 해봐야 해요. 한 번 만나서 코가 좀 작다고 안 만나고, 입이 크다고 퇴짜 놓고, 나이 많다고 싫어하고…. 이런 사람은 동물적 가치관을 가진 사람이지요.

그 사람 안에 있는 진짜 귀중한 보물은 놓치고서 이 세상에는 순수한 사람이 없다고 마냥 불평만 하다가 나이만 먹는 사람들이 많아요. 얼마나 애석한 일입니까?

부모님이 누구 좀 만나보라고 하면 "난 선 같은 것 안 봐요!" 하면서 쓸데없는 잘난 척을 하지요. 아니, 사람이라는 가장 귀한 존재를 만나라는데 싫다니요. 그건 교만하고 건방진 거죠. 부모님이 생각해서 말하는데 한번 나가서 만나보고 얘기하고 그래서 사람에 대해서도 좀 더 알아가고…. 그게 인간의 도리죠.

상대방이 맘에 들지 않을지라도 그 안에 소중한 게 있을 거라는 믿음을 가지고 만나보는 사람과, 자기 맘에 안 드니 그 안에 아무것도 없을 거라고 치부해버리는 사람 중 누가 더 지혜로운 삶을 살까요?

겉모습은 마음에 들지 않았지만 이야기를 나눠보니 정말 마음이 잘 통해서 결혼까지 하게 되는 인연도 참 많거든요. 사람은 자기 그릇대로 만나게 돼요. 그래서 학벌이나 경제적인 능력, 지식 수준은 다를 수 있어도 영적 수준은 똑같은 사람끼리 만나요.

상대가 없을까 걱정하지 말고 '내 영적 수준에 맞는 사람은 분명히 있다. 내가 정말 좋은 상대를 만나려면 내 영적 수준을 높이는 것이 우선이다.' 이런 생각을 갖는 게 정말 중요해요.

하느님이 여러분을 만들 때 여러분에게 맞는 짝을 안 만들어놨겠어요? 순수한 남자도 순수한 여자도 이 세상에 분명히 있다는 거죠. 진짜 신비해요. '비현실적'인 이야기 같지만 이것이야말로 현실적인 이야기예요.

질문 순수한 사위와 순수한 아내를 만나셨는데 대표님 자신은 순수하다고 생각하시는지요?

윤 학 늘 얘기하지만 51% 이상만 순수하면 저는 순수한 사람이라고 봐요.

저도 순수하지 않은 면도 많지만 순수한 쪽으로 가려고 해요. 그리고 지금까지 그렇게 살아왔다고 생각해요. 나의 모든 것을, 나의 모든 결정을 순수한 쪽으로 늘 맞추려고 해요. 직업이든 아이들 교육이든, 여러분이 앉은 의자 하나 놓은 것도 거기에 다 맞춰져 있어요. 웃음

인류 최고의 러브스토리

〈월간독자 Reader〉와 〈가톨릭다이제스트〉에
큰 공감을 얻으며 연재했던 글입니다.

인류 최고의 러브스토리

 젊은이들은 대개 부모의 결혼생활을 보고 결혼을 배우게 된다. 그러나 부모들이 모두 행복한 결혼생활을 하는 것도 아니고, 설령 그렇다 하더라도 자녀 역시 만족스러운 배우자를 찾는다는 보장도 없다. 그래서 젊은이들은 결혼을 막연히 두려워하고 고민한다. 그러나 결혼이 과연 어렵고 두렵기만 한 것일까.

 우리는 무엇보다 귀중한 생명을 아무런 노력 없이 거저 받았다. 그리고 생명에 꼭 필요한 공기나 물도 거저 받는다. 그런데 그 소중한 생명은 결혼으로 만들어진다. 그러니 결혼이 얼마나 소중한가?

생명에 꼭 필요한 공기, 물을 거저 받듯이 결혼 또한 우리에게 너무나 소중한 것이기에 거저 주어지는 것일지도 모른다. 그런데 요즈음 사람들은 결혼이 어렵다고만 한다. 그 이유는 결혼의 본질에서 벗어난 결혼을 하려고 하기 때문이 아닐까.

인류 역사상 최고의 러브스토리라는 '리브가의 결혼'을 읽어보면 결혼이 무엇인지, 결혼은 어떻게 하는 것인지 손에 잡힐 듯 다가온다.

"아브라함은 이제 몹시 늙었다."는 성경 구절을 보면 믿음의 조상이라는 아브라함도 늙고 나이가 들면서 요즘 부모들처럼 아들 이사악의 혼인 문제로 고민했을 것이다.

아브라함은 그 고민을 어떻게 해결했는가? 그는 집안의 가장 늙은 종에게 "내 아들의 아내가 될 여자는 내가 살고 있는 이곳 가나안이 아니라 내 고향에 가서 데려오라."고 말한다.

재미있는 것은 요즘 사람들이 결혼에 필수적이라고 내거는 직업이나 경제적 능력, 학벌이나 외모와 같은 조건은 아니지만, 아브라함도 조건을 내걸었다는 점이다.

마치 경상도 여자는 안 되고 전라도 여자여야 한다는 식으로 말이다. 그는 왜 이런 말도 안 되는 조건을 내걸고 늙은 종에게 며느릿감을 찾아오라고 했을까?

아브라함은 당시 거부였다. 그리고 수천 년 동안 '믿음의 조상'으로 불릴 만큼 명예로운 사람이었다. 인간으로 태어나 물질이건 명예건 아브라함만큼 복을 받은 사람도 없을 것이다. 그는 그 많은 복이 어디에서 온 것인지 너무도 잘 알고 있었다.

"주님께서는 모든 일마다 아브라함에게 복을 내려주셨다."는 구절에서 우리는 아브라함의 삶 전부가 신앙에 뿌리를 두고 있음을 알아차릴 수 있다.

아브라함은 신앙 하나로 모든 것이 해결된다는 굳센 믿음을 갖고 있었다. 그래서 아들도, 며느리도 신앙만 있으면 철철 넘치는 복을 받고 살리라는 것을 가슴 속 깊이 알고 있었던 것이다. 그런 그가 이교도들이 사는 가나안 땅에서 며느리를 고를 수 있겠는가.

결혼은 두 사람의 사회적, 심리적 결속이기도 하지만 무엇보다도 영적 결합이다. 두 사람이 한 곳을 바라볼 수 없다면 그 결혼은 알맹이가 빠진 것이다. 신께 맡기는 사람과 신을 무시하는 사람, 사랑을 믿는 사람과 미움을 안고 사는 사람의 진실한 결합은 애당초 불가능한 일이다.

아름다운 외모, 훌륭한 직업, 어마어마한 재산, 알아주는 학력을 가진 두 사람이 아무리 행복해 보이는 결혼을 한다 하더라도 그 뿌리가 다르면 결코 행복할 수 없다.

그러나 다른 것은 보잘것없어도 신앙이 있는 사람은 하느님이 원하시는 삶을 살려고 할 것이며 하느님이 자신의 삶을 이끌어주신다는 것을 믿는다. 그런 믿음이 없는 사람에게 그런 삶이 주어질 수 있을까?

그러나 그런 믿음을 갖고 사는 사람에게는 신기하게도 그 믿음대로 삶이 만들어져 간다. 그러니 하느님이 원하는 삶, 진리에 따라 사랑하며 사는 길로 가려는 두 사람이 어떻게 불행해질 수 있을까.

아브라함은 신앙을 가진 며느리를, 그것도 말로만 신앙을 갖고 있는 여자가 아니라 하느님이 바라는 신앙을 가진 그런 여자를 원했다. 그러니 아브라함이 원하는 며느릿감을 찾는 것이 얼마나 어려운 일이었겠는가. 그런데도 아브라함은 직접 며느릿감을 찾으러 나서지도 않고 늙은 종에게 "주님께서 네가 그곳에서 내 아들의 아내가 될 여자를 데려올 수 있게 해 주실 것이다."고 큰소리친다.

이 얼마나 무모한 믿음인가. 이 얼마나 어리석은 행동인가. 아브라함의 이 한마디만 믿고 길을 떠나는 늙은 종 또한 얼마나 무모하고 어리석은가. 그러나 그 무모함과 어리석음이 가져오는 결과를 보면 신앙은 신비롭기만 하다.

훤칠한 미남에 의사였으면

"분위기 있는 훤칠한 미남이어야 해요. 집안 좋은 의사였으면 좋겠어요." 하며 결혼정보업체에 거액을 건네며 배우자를 찾아달라고 하는 지극히 현실에 밝은 여자와 하느님께서 배우자를 만나게 해주실 것이라고 믿고 사는 지극히 비현실적인 여자 중 어떤 여자가 지혜로울까.

우리는 현실에 밝은 여자가 지혜롭다고 여기기 쉽다. 왜냐하면 모든 것을 하느님께서 해주시리라 믿고 의탁하는 사람보다 무언가를 얻으려고 스스로 끊임없이 노력하는 사람에게 무엇이든 하나라도 더 주어지는 것을 수없이 경험했기 때문이다. 그러나 현실에 밝은 여자가 찾는 그런 조건의 남자가 이 세상에 과연 몇 명이나 될까?

그런 남자가 나타나기를 기다리다가는 결혼도 못 하고 늙어버릴 것이다. 설령 그런 남자를 만나더라도 그 남자가 그렇게 조건만 따지는 여자와 결혼해줄까. 만약 그런 남자와 결혼하더라도 큰 키, 미남, 좋은 집안, 의사라는 조건들이 정녕 여자의 영혼을 평온하게 이끌어줄 것인가.

이런저런 경우를 생각해봐도 그 여자는 전혀 지혜롭지 않다. 물론 누구에게 의지하여 결혼하려는 여자는 나약하고 어리석게 보일 수 있다. 그러나 인생에서 가장 중요한 배우자의 선택까지 하느님께 의지하는 여자라면 자신에게 부당한 짓을 한 사람을 미워할지 용서할지도 하느님께 맡길 것이다.

직업 선택 같은 중요한 결정도 자신의 의지보다는 하느님의 뜻을 먼저 헤아리려 했을 것이다. 그렇다면 하느님의 뜻이 뭘까? '길이요 진리요 생명'이다. 이렇듯 길이요 진리요 생명인 하느님의 뜻을 자신의 의지보다 앞세우는 여성이 과연 어리석을까. 어리석어 보이지만 그보다 더 지혜로운 여자는 없을 것이다.

아브라함은 그런 지혜를 가진 여자, 즉 신앙을 가진 여자를 며느리로 맞고 싶었다. 나머지 것들은 덤이라고 보았다.

보석을 사는데 덤으로 주는 보석 상자가 예쁘다고 하여 보석이 진짜인지 가짜인지는 알아보려고도 하지 않고 사는 사람이야말로 어리석은 사람이다.

배우자에게 신앙이 있는지 없는지는 알아보려고도 하지 않고 키가 큰가, 얼마나 날씬한가, 학력이 좋은가, 부유한가, 직업이 좋은가에만 관심을 갖는 것은 상자만 보고 보석은 보지 않는 사람과 다를 바 없다.

그런데 아브라함은 누구인가? 하느님의 명령 한마디에 사랑하는 아들 이사악을 하느님의 제단에 바쳤던 사람이 아닌가. 그는 하느님의 말씀이야말로 자신과 아들의 생명보다 귀하다고 믿는 사람이었다. 그래서 귀중한 아들의 혼사 문제까지도 하느님께 온전히 맡길 수 있었던 것이다.

여기서 한 가지 의문이 생긴다. 늙은 종이 아브라함의 말만 듣고 곧장 길을 나선다는 점이다. 늙은 종은 너무나 힘든 임무를 맡은 것인데도 그 어려운 일을 내가 어떻게 하느냐고 묻지도 않고 왜 그렇게 순순히 길을 떠날 수 있었던 것일까. 그것은 늙은 종이 아브라함의 의도를 분명히 파악했기 때문이다.

누가 우리에게 휴대폰 하나 사 오라고 부탁하면 전자상가에 나가 수많은 휴대폰을 보면서 어떤 휴대폰을 골라야 할지 막연하기만 할 것이다. 부탁한 사람이 어떤 기능의 얼마

짜리 휴대폰을 사 오라고 정확히 말해주면 쉬울 텐데 부탁한 사람의 의도를 정확히 알지 못하기 때문이다.

그런데 아브라함은 이사악의 아내가 어떤 여자여야 하는지 분명히 알려줬기 때문에 늙은 종은 망설이지 않고 길을 떠날 수 있었던 것이다.

요즘 결혼이 어려운 이유도 바로 여기에 있지 않을까. 결혼을 하려는 젊은이들이 자신이 원하는 배우자를 정확히 알지 못한다는 것이다. 그래서 그들은 사람들이 좋다고 하는 배우자를 덩달아 찾으려고만 든다. 그래서 자기 욕구도 모른 채 상대가 사람들이 좋다는 배우자상에 맞는지 어떤지만 평가하려고 덤벼든다.

결혼은 내 희망을 아는 데서 출발해야 한다. 전쟁은 지피지기하면 백전백승일지 모르지만, 결혼은 남을 알고 나를 알아야 하는 것이 아니라 먼저 나를 알고 남을 알아야 성공하는 것이다.

아브라함은 며느리가 어떤 여자여야 하는지 자신의 희망을 정확히 알고 있었다. 그래서 며느리를 고르는 것이 너무나 쉬웠던 것이다. 마치 어떤 휴대폰을 사야 할지 알고 시장에 나가는 사람처럼.

그런데 어떤 휴대폰을 사야 할지 안다는 것은 쉬운 일이 아니다. 평소 휴대폰에 관심을 두고 꾸준히 살펴보며 연구했거나, 휴대폰을 잘 아는 신뢰할만한 누군가로부터 추천받지 않은 경우에는 자기에게 맞는 휴대폰이 어떤 것인지 알기는 쉽지 않다.

 아브라함이 어떤 며느리를 맞고 싶은지 알고 있었다는 것은 그가 아들에 대하여, 또 여성에 대하여, 아니 인간에 대하여 크나큰 관심을 가져왔고, 또 누구보다도 믿고 따를 사람, 즉 하느님을 늘 곁에 두고 있었음을 알 수 있다.

 그래서 그는 어떤 며느리를 골라오라고 늙은 종에게 분명히 말할 수 있었고, 늙은 종은 그 임무를 맡고 두려움 없이 길을 나설 수 있었을 것이다.

결혼을 남에게 맡기다니!

 재미있는 것은 아브라함이 며느리 구하는 일을 집안의 가장 늙은 종에게 맡겼다는 사실이다. 아브라함 정도의 거부라면 똑똑하고 건장한 젊은 종들도 많았을 텐데 왜 하필 가장 늙은 종에게 그 중요한 일을 맡겼을까? 아브라함은 그 일을 해내는 데 똑똑한 머리나 건장한 신체가 아니라 오직 자신의 말을 알아듣고 그대로 실행해낼 수 있는 충직한 사람이 필요했던 것이다.

 '아브라함은 자기의 모든 재산을 맡아보는, 집안의 가장 늙은 종에게'라는 성경의 구절에서 그 늙은 종이 아브라함과 오랜 시간 함께해온 충직한 사람임을 알 수 있다. 어쩌면 아브라함 자신보다 더 아브라함의 재산을 잘 파악하고 아브라함의 뜻을 잘 알고 있는 사람이라는 것이다.

충직하다는 것은 일치를 의미한다. 하느님에게 충직한 사람은 하느님의 뜻이 그의 뜻이 되고, 그의 뜻이 하느님의 뜻이 된다. 아브라함에게 충직한 종은 그의 뜻이 아브라함의 뜻이 되고, 아브라함의 뜻이 그의 뜻이 된다. 그러므로 아들의 혼처를 찾으러 그가 간다 해도 아브라함이 가는 것과 같기 때문에 그 중요한 일을 맡기는 것이다.

그런데 우리 곁에 그렇게 자기 자신보다 더 자신의 뜻을 잘 알고 행해줄 사람이 있을까?

아브라함은 하느님의 뜻을 늘 살피는 사람이었다. 그런 사람에게는 자신의 뜻을 살펴줄 사람도 있게 마련이다. 왜냐하면 하느님을 신뢰하는 사람은 누구의 신뢰도 받을 수 있기 때문이다. 그러나 하느님의 뜻을 살피지 않는 사람의 곁에는 자신의 뜻을 살펴주고 일치를 이룰 사람이 없는 것은 너무나 당연하다.

여기서 신앙인에게는 믿고 맡길만한 사람, 즉 신뢰할만한 조력자가 항상 곁에 있게 마련이라는 것을 알게 된다. 그렇게 신뢰할만한 조력자가 있다면 소소한 집안의 문제는 물론 재산관리, 자식들의 혼사까지 맡길 수 있게 되니 얼마나 더 풍성한 삶을 살 수 있겠는가.

아브라함은 이렇게 하느님을 신뢰하며 사는 진리를 머리가 아닌 체험으로 뼛속까지 새긴 사람이었다. 도저히 불가능한 일이라고 믿었던 늙은 사라에게서 아들 이사악을 얻도록 해주신 하느님, 이사악을 제물로 바치라는 말씀대로 아들을 내리치려는 순간 그것을 막은 하느님을 몸소 체험한 것이다.

그래서 아브라함은 아들의 결혼도 하느님의 뜻에 맡기고 아무런 걱정 없이 자신의 충직한 종을 보냈을 것이다. 이렇게 신앙은 며느리를 선택하는 것도 종에게 맡길 만큼 무모하다. 그러나 그 무모함 안에 깃든 의미를 살펴보면 그것은 너무나 마땅한 일이다.

아브라함처럼 아브라함의 종도 무모하다. 늙은 몸으로 먼 고장까지 가서 어떻게 주인의 며느리를 골라 데려온다는 말인가? 하지만 늙은 종은 아브라함의 지시에 두려워하거나 코웃음 치지 않고 그 믿음을 신뢰하며 곧장 길을 떠난다. 믿음은 이렇듯 강한 힘을 갖고 있다. 이렇게 아브라함이 며느리를 고르는 과정이 우리 눈에는 무모해 보이지만 신앙의 눈으로 보면 당연해 보인다.

우리는 신앙을 '신비'라고 말한다. 그러나 과연 신앙이 신비일까? 사실은 너무나 당연한 이치인데 우리 눈에는 신비로 보일 뿐이다. 리브가와 이사악의 결혼도 그런 관점에서 보면 신비가 아니라 '아, 결혼이란 이런 거구나.' 하고 깊이 깨닫게 된다.

 대부분의 사람들은 결혼을 하려면 외모, 학력, 재력, 능력 같은 조건이 맞아야 한다고 생각한다. 그리고 그런 조건에 맞지 않는 결혼을 걱정스럽게 쳐다본다. 그러나 신앙인의 눈에는 그런 겉으로 보이는 조건이 맞아야 결혼한다는 생각이 더 걱정스럽다.

 행복한 결혼을 하려면 결혼의 본질에 맞는 조건에 충실해야 한다. 영적으로 같은 곳을 바라볼 수 있는 사람들의 만남이어야 하는 것이다. 그 외의 것은 지엽적인 조건으로 덤일 뿐이다. 덤이 좋다고 그것에 혹해 본질을 제대로 보지 않는다면 어떤 결과가 초래될 것인가.

 늙은 종이 먼 고장에 가서 과연 어떻게 며느리를 골라올지 그 결과가 사뭇 궁금해진다.

여자가 따라올까요?

 누구나 결혼할 총각의 얼굴 한번 보지 않고 처녀가 총각의 집으로 따라온다는 것은 불가능하다고 생각할 것이다. 그래서 이사악의 아내 될 여자를 찾으러 길을 떠나는 늙은 종도 아브라함에게 묻는다.
 "여자가 저를 따라오려고 하지 않을지도 모릅니다. 제가 아드님을 데려가야 합니까?" 그런데 아브라함은 단호하다. "너는 내 아들을 그곳으로 데려가는 일이 없도록 조심하여라."
 그 후 수십 년이 흘러 청년 이사악도 아버지가 되었고, 그의 아들 야곱이 결혼할 나이가 되자 야곱에게 "너는 파딴 아람에 가서 아내를 맞아들여라." 하고 아들에게 아내 될 여자가 사는 마을로 가라고 당부한다.

아브라함은 아들 이사악에게 아내가 될 여자가 사는 땅으로 가지 말라고 하고, 이사악은 그 아들 야곱에게 아내가 될 여자가 사는 땅으로 가라고 한다.

성경에는 이렇게 상반된 이야기가 너무 많다. 부모에게 효도하라고도 하지만, 때로는 부모를 원수로 대하라고도 한다. 원수를 사랑하라고도 하지만 원수를 무찌르라고도 한다. 돈을 가벼이 여기라고도 하지만 돈을 중시하라고도 한다. 여자는 남자를 따르라고도 하지만 여자와 남자는 평등하다고도 한다. 화를 내지 말라고도 하지만 불같이 화를 내라고도 한다.

이런 상반된 구절들을 읽을 때면 성경 말씀이 과연 진리일까 하고 회의를 갖게 된다. 그런데 깊이 생각해보면 부모에게 효도하라는 것도 진리이지만, 부모의 뜻과 하느님의 뜻이 다를 때 부모의 뜻을 거역하는 것도 진리에 맞다.

돈보다 더 높은 가치를 위해서는 돈을 가볍게 여겨야 하지만 돈보다 더 낮은 가치를 위해 돈을 허비하면서 가볍게 여기는 것은 진리에 반한다.

여자와 남자는 평등하기도 하지만 어떤 때는 남자가 여자를 따라야 하고 또 어떤 때는 여자가 남자를 따라야 한다.

즉 남자와 여자는 평등해야 하지만 어떤 경우에는 불평등해야 한다.

아브라함이 아들 이사악을 제물로 바치려 한 것도 생명을 소중히 여기지 않아서가 아니라 아들의 목숨보다 하느님의 말씀을 따르는 것에 더 귀한 가치를 두었기 때문이었다.

자식 하나 없는 자신의 처지를 탄식했던 아브라함에게 하느님은 "하늘을 쳐다보아라. 셀 수 있거든 저 별들을 세어 보아라. 네 자손이 저렇게 불어날 것이다." 하고 약속했고 아브라함은 그 약속을 믿었다. 그리고 그 믿음을 보시고 하느님은 아브라함의 소원을 들어주지 않았던가!

그런 아브라함이었기에 아들 이사악을 아내 될 여자의 땅으로 데려가야 한다는 사람들의 상식에 따르기보다는 하느님의 약속을 굳게 믿은 것이다. 이렇게 아브라함에게는 하느님께서 이사악의 아내를 마련해주실 거라는 확고한 믿음이 있었기에 굳이 이사악을 아내 될 여자가 있는 땅에 데려갈 필요가 없다고 보았을 것이다.

그런데 요즘 부모들은 자녀의 결혼을 어떻게 준비하는가. 행복한 결혼을 하려면 우선 서로 조건이 맞아야 한다고 생각한다. 그리고 그 조건이라는 것이 상대가 학교는 어디를 나왔는지, 인물은 어떻게 생겼는지, 키는 얼마나 되는지, 돈은 잘 버는지, 부모의 재산은 얼마나 되는지 그런 것들이다.

그래서 결혼상담소에 가입을 하건, 누구의 소개를 받건, 둘이 만나 사귀건 그런 것부터 알아보려고 한다.

하지만 외모나 학벌, 능력이 부족해도 굳은 신앙을 가진 두 사람과, 화려한 조건을 모두 갖고 있지만 신앙이 없는 두 사람 중 어떤 커플이 더 행복한 삶을 살아갈 것인가.

아브라함은 전자를 믿는 사람이었다. 그래서 그는 굳센 신앙을 가진 사람들이 사는 자신의 고향으로 며느릿감을 찾으러 보낸 것이다. 아브라함은 이렇게 결혼이 무엇인지 잘 알고 있었다. 그는 결혼을 본질적으로 영적인 결합으로 본 것이다.

며느릿감 좀 구해줘

우리는 떨어져 있으면 보고 싶고, 만나면 서로 눈을 맞추며 아이스크림을 떠먹여주는 알콩달콩한 사랑을 아름다운 러브스토리라고 생각한다.

그러나 이사악과 리브가의 결혼 이야기에는 두 사람이 죽고 못 살았다거나 아이스크림을 떠먹여주며 사랑을 속삭였다는 대목은 한 군데도 없다.

그런데도 수많은 사람들이 이사악과 리브가의 혼인을 역사상 가장 아름다운 러브스토리라고 하는 것은 왜일까? 그것은 결혼의 본질에 가장 맞는 영적인 결합이기 때문이다.

'결혼은 남녀 간의 사회적, 심리적, 성적인 결속'이라고 사전에서 정의하듯이 사람들도 그런 범주에서 결혼을 정의할 것이다. 그러나 인간은 늘 변하는 존재라 결혼 후 성격이 바뀌면 심리적 결속도 무너질 것이고, 이기적인 인간성 앞에서는 네 돈이 내 돈이고, 내 돈이 네 돈이라는 경제적 결속도 허망해질 것이며, 배우자 한쪽이 몸이라도 망가지면 성적인 결속도 무용지물이 된다.

  이렇듯 결혼을 지속하게 할 그 '무엇'이 없으면 그 모든 결속은 쉽사리 무너져버린다. 오늘날 많은 남녀들이 성적, 심리적, 사회적 결속을 이루지만 이혼이 증가하는 것은 그 '무엇'의 필요성을 입증하고 있다.

  아브라함은 그 모든 결속이 해체되어도 두 사람을 하나 되게 하는 그 '무엇'이 바로 신앙이라고 보았다. 인간은 영적인 존재라는 것을 누구보다 잘 알고 있었기 때문이다. 영적인 결속이 흐트러지면 그 모든 결속은 한낱 모래성일 뿐이다. 그래서 그는 이교도의 딸을 이사악의 배필로 맞아들일 수 없었다.

  그런데 오늘날 우리는 인간이 영적인 존재라는 사실을 잊어버린 채 결혼할 때도 우리 자신을 경제적, 사회적, 성적 존재로 낮춰 그 조건을 정하고 있다. 부부간에도 '네 돈은 네 돈, 내 돈은 내 돈'으로 살아가는 사람들이 있다. 배우자를 영적으로 결합된 한마음 한 몸으로 받아들이지 않고 돈을 더 중시하고 있기 때문은 아닐까.

그런데 배우자를 영적으로 결합한 한 몸으로 보는 사람은 돈보다 배우자를 중시하기 때문에 '네 돈이 내 돈, 내 돈이 네 돈'으로 살아간다. 전자와 후자 모두 다 부부라고 하지만 결속의 정도는 분명 다를 것이다.

누구든 며느릿감을 구해달라는 부탁을 받으면 막연하기만 할 것이다. 어떤 여자를 원하는지, 과연 그런 여자를 찾아낼 수 있을지, 설령 찾았다 해도 그 여자가 만나겠다고 동의할지 그 어떤 것도 분명하지 않다. 그래서 부탁한 사람도 부탁받은 사람이 며느릿감을 적극적으로 알아봐 주지 못할 것이라 생각하고, 부탁받은 사람 역시 부탁한 사람이 자신에게 큰 기대를 하지 않는다는 것을 알고 있다.

며느릿감을 구해달라는 부탁은 대부분 '내 사정이 이렇다.'는 넋두리로 받아들여지고 만다. 하지만 아브라함은 종에게 "너는 내 고향 내 친척들한테 가서 내 아들 이사악의 신붓감을 골라 오겠다고 내 사타구니에 손을 넣고 하늘을 내신 하느님, 땅을 내신 하느님 야훼를 두고 맹세하여라." 하고 말한다.

또한 며느릿감을 어떻게 데려올지 의심하는 종에게 "그분께서 당신 천사를 네 앞에 보내시어, 네가 그곳에서 내 아들의 아내가 될 여자를 데려올 수 있게 해주실 것이다." 하며 확신을 심어준다.

아브라함이 종에게 며느릿감을 찾아오라고 하는 부탁은 요즘 사람들이 "내 며느릿감 좀 알아봐." 하는 뜨뜻미지근한 부탁이 아니라 하느님을 걸고 확신을 주는 부탁이었다. 이렇듯 말에는 힘이 있어야 한다.

예수님의 말씀을 2천 년이 지난 오늘도 사람들이 믿고 따르는 것은 그 말에 힘이 있기 때문이다. 예수님은 넋두리를 하지 않고 진리를 말했다. 진리를 말하면 말은 진리가 되고, 넋두리를 말하면 말은 넋두리가 된다. 진실을 말하면 말은 진실이 되고, 거짓을 말하면 말은 거짓이 된다.

우리가 누군가로부터 "네가 꼭 내 며느릿감을 구해줘야 해!"라고 확신에 찬 부탁을 받는다면 우리의 태도는 어떻게 될까? 진실로 결혼을 부탁하는 말을 하면 그 말이 이루어지지만 넋두리는 결국 넋두리로 끝나버리고 만다. 이처럼 말은 말하는 사람의 의지대로 이루어진다.

결혼, 그 행복한 나날들

단칸셋방과 미술관

이연수

 엄마가 서울 이모네 집에 나를 맡겨놨는데 엉뚱하게 지금의 남편을 만나 연애를 해버린 거예요. 사춘기에 아버지가 돌아가셔서 남편과 빨리 정이 들었던 것 같아요.
 결혼한다니까 남편이 대학 다닐 때라서 어머니가 굉장히 반대하셨어요. 우리가 한창 클 때 아버지가 돌아가셔서 어머니가 고생 많이 하셨거든요. 그런데 남편이 엄마 기대와는 너무 안 맞는 거예요. 나중에 알게 된 사실인데 엄마가 남편 고향까지 찾아갔었대요.
 그래서 참 어렵게 결혼을 했어요. 우리 남편이 가진 게 아무엇도 없고 집에서 반대하는 결혼을 하니까 방 한 칸 세 얻어서 사과 상자 하나 놓고 연탄 때면서 그렇게 시작했어요. 사과 궤짝은 한쪽이 뚫려 있잖아요? 거기다가 그릇 같은 걸 넣어놓은 거예요. 그게 찬장이었어요. 웃음 부엌이 어디 있어요, 쪽마루 하나죠. 그런데 요즘은 그때가 너무 그리워요.

첫 아이 임신했을 때 남편이 퇴근길에 군만두 하나 사서 품에 넣어가지고 오는 거예요. 내가 군만두가 너무 먹고 싶었거든요.
군만두가 식을까 봐 언덕을 막 뛰어 정릉 꼭대기에 있는 단칸셋방에 와서 군만두를 품에서 내주면 그때까지도 따뜻해요. 그래서 남편보고 같이 먹자고 하면 자기는 안 먹는대요. 그게 얼마나 맛있던지…. 지금도 중국집에 가면 서비스로 주는 군만두 있잖아요? 옛날에 맛있게 먹었던 생각이 나서 공짜로 딸려 나오는 군만두는 꼭 먹어요. 웃음 군만두에 그리움이 남아있어요.

남편 아니었으면 미술관은 생각도 못 하지요. 제가 다른 데로 시집갔으면 어떻게 지금 미술관을 하고 있겠어요? 남편이 아무것도 내세울 것 없을 때 자기를 믿고 시집와준 게 고맙대요. 그래서 남편은 제가 해달라는 걸 해주고 싶었대요. 지금도 가끔 술 마시면 남편이 그때 얘기를 해요.
그렇게 가진 것 없이 살다 남편이 공무원 그만두고 사업을 시작했는데 이상하게 잘 되더라고요. 지금은 그때 시집 잘 갔다는 친구들도 다 저를 부러워하지요.

 사람은 옛날을 그리워하면서 사나 봐요. 옛날 어려울 때 알게 된 사람들, 다 같이 고생하면서 서로 도와주고 희망을 잃지 않았던 그 힘으로 사는 것 같아요. 그런 시절의 이야기를 나누고 싶은데 남편들은 듣고 싶어 하지 않잖아요. 아내들은 그런 기억을 차곡차곡 쌓고 사는데….
 동창회에 가면 친구들이 저보고 "너는 영부인 안 부럽겠다. 네 남편 업어줘라." 하는 거예요. 자기들은 미술을 전공했어도 전공과 관련된 일을 못 하는데 너는 그림을 좋아하기만 하는데도 미술관까지 하니 얼마나 좋냐고.
 언젠가 친구들 만나고 집에 왔더니 남편이 먼저 와있어요. 그래서 "여보, 여보 가만히 있어 봐." 하고는 남편한테 큰절을 했어요. 고맙다고. 그러니까 남편이 "왜 이래?" 쑥스러워하면서도 얼마나 좋아하던지요.

내 신혼의 로망

윤혜원

이민 후 10년 만에 처음 한국에 나오신 시부모님은 우리 결혼식이 끝나고 신혼집에 몇 달간 더 머무르셨다. 덕분에 달콤하기보다는 어색한 신혼생활이 시작되었다.

9남매 장남의 아내로 칠순이 되실 때까지 시집살이를 하신 외할머니는 "시집살이가 얼마나 힘든 건데~ 큰일이네." 하고 걱정하셨다. 하지만 실상 나의 시집살이는 굉장히 우아했다.

밤늦게 퇴근하는 나와 신랑을 위해 어머님은 아침마다 고기반찬과 함께 진수성찬을 차려주셨고 사과 귀신인 나를 위해 사과도 정갈하게 깎아주셨다.

　매일 아침상을 준비해주시는 게 죄송해 일찍 일어나 밥을 준비하려고도 해보았지만 "한숨이라도 더 자." 하시며 손에 물 한 방울 묻혀보기도 전에 방으로 밀어 넣으셨다.

　어느 날, 신랑이 걱정스럽게 운을 떼었다. 어머님이 오래전부터 아픈 곳이 있었지만 미국병원은 너무 비싸 수술할 엄두도 못 내셨는데, 한국 오신 김에 수술 날짜를 잡으셨고 회복하려면 두 달 정도 더 머무르셔야 할 것 같다고.
　어머님이 입원하신 날, 퇴근길에 병원에 들렀는데 아버님이 병원에서 잘 테니 빨리 들어가라고 등을 떠미셨다. 벌써 가도 되나 싶으면서도 한편으로는 오랜만에 단둘이 있을 수 있어 은근히 신났다. '드디어 나도 예쁜 앞치마를 두르고 신랑의 백허그를 받으며 아침을 준비하는 신혼의 로망을 실현하겠구나.'

　아침이 밝았고 나는 평소보다 일찍 일어나 계획대로 아끼고 아끼던 예쁜 앞치마를 둘렀다. 그런데 살림을 어머님께 전적으로 맡겼던 터라 후라이팬 하나도 어디에 있는지 찾기 힘들었다. 서랍을 열었다 닫았다 하던 찰나, 부스럭부스럭 소리가 나더니 작은 방 문이 열렸다.
　아버님이셨다. 새벽에 오셨다는 것이다. 태연한척했지만 실은 간이 떨어질 뻔했다. 순간 '결혼 후 첫 아침상을 이렇게 아무 준비도 없이 차려드려야 하는 건가?' 머릿속이 백지가 된 것 같았다.

　분주하게 이것저것 찾으니 아버님도 불안하셨는지 "뭐 찾아? 내가 도와줄 것 없을까?" 하시면서 요리하는 내 옆에 바싹 붙으시는 것이 아닌가. 칼질 하나도 어찌나 부담되던지….

　간장, 소금도 바로 찾지 못하는 내게 "이 사람 소금을 어디다 둔 거야?" 하시며 자리에 없는 시어머님까지 혼내며 열성적으로 도와주셨다. 정말 괜찮다며 가서 쉬시라고 신신당부했더니 그제야 못 이기는 척 거실로 가셨다.

　본격적으로 계란말이를 만들기 시작했다. 그런데 웬걸~ 다른 요리를 준비하는 사이 후라이팬에 올려놓은 계란말이가 홀라당 타버렸다. 잽싸게 환기를 시키고 다시 계란을 재빨리 풀어 우여곡절 끝에 조촐한 상을 차려냈다. 별 요리도 안 했는데 거의 수라상을 차린 사람처럼 땀범벅이 되어있었다. 아버님은 "그 짧은 새에 뭘 이렇게 많이 차렸어?" 하시며 맛있게 식사를 하셨다. 정작 나는 아침도 못 먹고 겨우 샤워만 한 채로 출근하는데 웃음이 나왔다.

　연애 시절, 신랑에게 간식을 해줄 때면 맛있게 먹고 행복해할 모습을 떠올리며 요리를 해서 그런지 만드는 내내 참 행복했다. 음식에도 자연히 사랑이 듬뿍 담겼을 것이다. 그런데 오늘 아침 내 마음은….

나는 맞벌이하면서도 신랑을 위해 아침상을 정성껏 차리는 며느리라는 것을 보여드리고 싶었다. 며칠 후면 아들을 두고 미국으로 가셔야 할 시부모님께 '요리 잘하는 모습을 보여드려야 해. 그럴듯한 상을 차려 드려야지!' 하는 부담을 갖고 요리를 했던 것이다. '아버님이 맛있게 행복하게 드셨으면 좋겠다.'는 마음 없이 오로지 잘해야 한다는 생각뿐이었다.

이것저것 급하게 만들려다가 타버린 계란말이가 나의 과한 욕심을 대변하고 있었다. 무슨 일이든 사랑을 담아 하는지 아니면 사랑 없이 하는지에 따라 결과가 천차만별임을 피부로 느낄 수 있었다.

사랑 하나에 계란말이도 쉽게 타버리기도 하고 노릇노릇 구워지기도 하는데, 하물며 사람을 만나고 일을 하는 데 있어서 사랑이 얼마나 중요할까.

아들이 만난 뉴잉글랜드 여자

정원

하이디는 지금 스물여섯 살, 우리 집 며느리가 된 지 일 년이 가까워져 온다. 흠잡을 데 없고 성숙함을 느끼게 하는 아이다. 그 때문에 파란 눈의 며느리를 맞아들이면서도 반대할 수 없었다.

아들의 여자친구를 보는 어머니의 눈은 날카롭기 마련이다. 부끄러운 고백이지만 나도 하이디를 처음 보았을 때 어떤 부족함이 있는가부터 살펴보았다.

그해 가을, 아들은 대학 2학년이었고 하이디는 벌써 그 대학을 졸업하고 대학원에 다니고 있었다. 뉴잉글랜드의 단풍과 낙엽이 뒤섞인 대학 캠퍼스의 아름다움에 취해서인지 그만 아들이 사랑하는 여자를 나도 아무런 거부감 없이 사랑하게 되었다. 한국 여자가 아니라는 것도, 아들보다 두 살이나 위라는 것도 머리에 들어오지 않았다. 그냥 그 애가 사랑스럽게만 보였다.

아들이 집을 떠날 때 내가 당부한 것은 공부를 열심히 하라는 말이 아니었다. 어떤 여자가 아내감으로 좋은지 설명하면서 두 가지 조건을 내어놓았다. '크리스천, 한국 여자'.
그러나, 정말 그러나, 이 두 가지 조건을 갖춘 여자를 만날 수 없다면 '크리스천 미국 여자'가 '믿지 않는 한국 여자'보다는 우선이라고 하였다.
나는 남자에게는 좋은 아내가 꼭 필요하다고 확신했다. 좋은 아내란 바른 가치관을 갖춘 여자이고, 이 가치관이 부부의 살아가는 방향을 잡아준다는 것을 알기에 성경이 공통의 가치 기준이 된다면 두 사람은 물론이고 시어머니인 나도 쉽게 그들과 조화될 수 있으리라 생각했다.

하여튼 아들은 대학에 들어간 지 몇 달 만에 하이디를 찾아내었고 방학을 맞아 집으로 돌아와서는 '나이스' 하다고, 그것도 눈까지 가늘게 뜨고 말했다. 그땐 기분 좋은 얘기만은 아니었다.
그러나 얼마 후 하이디를 만나보고 나서는 나도 모르게

아들을 생각할 때마다 하이디도 함께 떠올리는 버릇이 생겼다. 누구에게 하이디를 소개할 때면 나도 '나이스' 하다고, 그것도 눈까지 가늘게 뜨고 표현하게 되었다.

하이디는 만나면 만날수록 좋은 점이 계속 발견되는 샘물 같은 아이였다.
한꺼번에 자기를 쏟아내지 않고 조금씩 절제하며 자신을 내보이는 아이, 자기주장이 강하면서도 양보할 줄 아는 너그러운 아이, 나를 한국말로 "어머님"이라고 어색하지 않게 부를 줄 아는 아이, 목적을 향해 노력하는 부지런한 아이, 꽃의 이름을 기억하여 부르고, 날아가는 새의 이름을 다 알고 있는 아이, 자기들이 사는 아파트 커튼을 손수 만들어 달고 틈틈이 털실로 조각 이불을 짤 줄 아는 아이.
노인 심리학을 전공하여 치매 환자를 돌보는 전문병원에서 일하면서 노인들을 사랑하는 마음씨를 가진 내 며느리, 잡채도 맛있게 만들지만 이 세상에서 제일 맛있는 블루베리 파이를 구울 줄 아는 아이, 생일선물로 책을 받고 싶어 하는 아이, 내 아들에게 발전할 수 있는 동기와 힘을 주는 아이….

하이디가 스물여섯이 되던 생일날, 나는 하이디의 좋은 점 스물여섯 가지를 골라서 카드에 적어주었다. 시어머니가 며느리에게 주는 카드가 아니고 내가 너에게 주는 카드라고 말하며…. 아들을 통해서 며느리를 보는 시어머니의 눈은 변덕이 심하고 간사하다는 것을 알기 때문에 나는 하이디를 한 여인으로 계속 바라볼 것이다.

나이를 떠나서, 국적을 떠나서, 아들과의 관계를 떠나서 하이디를 보면서 나는 벌써 스물일곱 번째의 좋은 점을 발견하고 다음 생일에는 그것을 적어 보낼 생각에 빨리 그날이 오기를 좀이 쑤시도록 기다린다.

하이디에게는 사진에는 나타나지 않는 향기가 있다. 하느님을 사랑하고 이웃을 사랑하는 사람에게서 나는 향기이다. 내 아들은 참 현명한 아이이고, 이런 좋은 눈을 가진 아들을 길러낸 내가 참 자랑스럽다. 나에게 이런 아들과 며느리를 즐길 수 있게 축복하신 하느님은 참 좋으신 하느님이다.

도둑맞은 월급봉투

김창석

45년도 더 된 일이다. 어느 날 오후 집에 잠깐 들렀는데, 아내가 거실 소파에 앉아 멍하니 창밖을 바라보고 있었다. 나를 보고는 "아이고, 내 정신 좀 봐! 내가 이렇다니까!" 하면서 끓어 넘치고 있는 냄비 쪽으로 갔다.

다가서서 "당신 요새 무슨 걱정거리 있어?" 하자 한참 뜸을 들이더니 내가 준 월급봉투를 버스에서 소매치기당했다며 "여보 미안해요." 하는 것이다. 그런 아내의 모습이 안쓰러워 "왜 당신이 미안해. 그 나쁜 놈을 잡아야지. 내가 찾아올 테니 마음 편히 가져!" 했다.

하지만 아내는 '나를 위로하려고 저리 말하는구나.' 하는 눈치였다. 하긴 버스에서 도둑맞은 물건을 어떻게 찾는다는 말인가! 호언장담하긴 했는데 현관문을 나서자마자 고민에 빠졌다.

회사로 달려가 여직원에게 지난달 내 월급봉투하고 똑같은 글씨로 써서 손을 타 조금 낡은 것처럼 만들어 달라고 했다. 그 봉투에 내역서 대로 돈을 넣어서 퇴근했다. 현관에 들어서며 궁금해하는 아내에게 "경찰서에 신고했으니까 그놈이 잡힐 거요." 하고 거짓말을 했다.

다음 날 저녁을 먹고 있는데 전화벨이 울렸다. 아내가 나에게 수화기를 건네며 "경찰서래요." 한다. "…네, 고맙습니다. 지금 찾아뵙겠습니다."

나는 전화를 끊고 "여보, 그놈을 잡았대요. 내 다녀오리다." 아내를 안심시키고 집을 나섰다. 실은 경찰서가 아니라 나와 선의의 모의를 한 친구가 기다리는 다방으로 가는 것이다. 물론 전화도 그 친구가 한 것이다.

맘 같아선 친구와 한잔하고 싶었지만 집에서 초조하게 기다릴 아내를 생각해 다음 기회로 미루고 집으로 왔다. 아내의 손에 봉투를 쥐여주며 "진작 말하지 그랬어." 했더니 고마워 어쩔 줄 몰라 하면서도 믿기지 않는 눈치였다.

그 후 시간이 좀 지나 아내는 같은 아파트 단지에 살며 함께 ME~Marriage Encounter, 대화를 통한 부부일치 운동~ 모임을 하는 부부에게 월급봉투 찾은 얘기를 했고, 우리 이야기는 ME를 통해 번져나갔다.

애처가라는 칭찬은 좋았지만 마음은 편치 않았다. 내가 한 일은 겨우 월급봉투를 새로 만들어 아내에게 전한 것뿐인데 큰일이라도 한 것처럼 전해지고 있지 않은가.

결국 나는 소문의 진원지인 부부에게 사실대로 말했다. 그러자 그게 또 번져서 불가능한 일을 꾸밀 정도로 아내를 사랑하는 남편이 되었다. 그 사실을 알게 된 아내는 몹시 행복해했다.

성격이 급한 나는 별것 아닌 일에도 큰소리로 화를 내곤 해 아내의 마음을 상하게 했다. 그런데 이 사건 후 아내의 반응에 변화가 생겼다. 내가 화를 내고 미안하다고 하면 "그 화는 당신이 낸 게 아니고 당신의 '직업병'이 낸 겁니다."라며 기계 소리, 망치 소리도 크고 위험한 작업 현장에서 일하다 보니 큰소리로 급하게 말하는 것이 몸에 배서 그런다는 것이었다. 사랑받고 있다는 믿음이 아내를 행복하게 했고, 아내도 나를 행복한 남편으로 살게 해주었다.

눈앞에 두고도 지나쳐버릴 뻔한 행복들을 챙겨주던 아내. 올해로 아내가 하늘나라로 간 지 1년이 되었다. 오늘따라 아내가 무척 그립다.

삶으로 돌려받은 답장

김동희

 남편이 3년 동안의 지방 근무를 마치고 서울로 오게 되었다. 그동안 나는 아이들이 어리고 셋이나 된다는 이유로 한 번도 가보질 못한 것이 마음 쓰여 하숙집 주인어른께 감사 인사도 드리고 짐도 정리할 겸 아이들을 데리고 내려갔다.
 남편은 하숙집이 연세 드신 어르신들이 사는 집이고 그곳에서 잠만 잔다고 하고는 별다른 말이 없었다. 그런데 막상 가서 보니 할아버지는 소변 주머니를 차고 있어 냄새도 나는 중환자였다.
 처음이자 마지막으로 뵙는 거라 "어르신! 한 번도 찾아뵙지 못해서 죄송해요. 오늘은 제가 점심을 사드리고 싶어요." 했더니 할아버지께서 "그렇지 않아도 오늘 온다고 해서 내가 탕수육하고 짜장면을 사주려고 식탁 위에 5만 원을 준비해두었다."고 하신다.

그리고는 애들한테 "너희 아빠가 퇴근할 때면 거의 매일 과일이며 먹을 것을 사 들고 와서 같이 먹고, 청소도 자기 방만 하는 것이 아니라 온 집안을 다 해주었다. 내가 자려고 방에 들어가면 내 소파에 누워서 편안하게 TV도 보는 모습에 어느 순간 자식인 것 같은 착각이 들 때가 많았다."고 하시며 "너희들 먹을 과일을 내가 3년간이나 먹었으니 오늘은 내가 밥을 사겠다."는 것이었다.

그동안 그런 내색 한번 하지 않은 남편의 그 순한 얼굴이 계속 아른거렸다. 나 같으면 할아버지가 환자라 불편해도 그냥 참고 지낸다고 조금은 착한 것처럼 한번은 말했을 텐데….

내가 "당신은 어떻게 할아버지가 환자라는 말을 한 번도 안 했어요? 불편했을 텐데…." 하자 "무슨 소리야. 내가 불편한가? 할아버지가 불편하시지. 그 말을 꼭 해야 돼?" 한다. 그래, 내가 이 사람 좋은 사람이라고 믿고 조건 없이 사랑해도 되겠구나…. "당신은 참 대단해" 하고 안아줬다. 순간 행복한 눈물방울이 우리 두 사람의 눈에 스쳐 갔다.

그 사람은 결혼하기 전 내게 말했다. 자기는 가난하지만 열심히 살 수는 있다고. 그때 나도 모르게 가슴이 두근거렸다. 부끄러워하지 않고 자신을 있는 그대로 말하는 그 사람에게 계속 마음이 끌렸고, 어쩌다 공휴일에 만나면 운동화 앞쪽이 닳아서 발가락이 나올 것 같은데도 해맑은 미소며 거리낌 없는 모습이 천진하기까지 했다. 그래도 나는 쑥스러워서 사랑한다는 말은 못 하고 일기처럼 쓴 300여 통의 편지로 내 마음을 전했다.

촛불 켜놓고 편지 쓰던 그 시절이 그립다. 한 통의 답장도 못 받았지만 나는 지금 이렇게 가슴 설레는 삶으로 답장을 받으면서 살고 있다.

비록 가난하고 바보스러울 수도 있지만 그 사람은 내가 행복을 느끼며 감사하고 영원히 간직할 수 있는 내 마음의 보석이다. "여보! 사랑해요. 지금 그대로의 모습을…."

마누라 말을 들었더니

양기곤

나는 산을 좋아하여 시간 날 때마다 부지런히 산을 찾는다. 지금은 높은 산보다는 조용하고 호젓한 곳을 선호하는 편이다. 지난가을에도 아내와 모처럼 강원도 정선의 민둥산에 올라 억새풀 구경을 제대로 하고 왔다.

아내는 가끔 아무 준비나 계획도 없이 갑자기 산행을 하자고 한다. 그러다 내가 좀 망설이면 무슨 남자가 그렇게 겁이 많냐고 내 자존심을 긁는다.

사실 나는 젊은 시절 업무 관계로 길이 전혀 없는 산을 꽤 많이 올라다녔다. 그때마다 큰 어려움을 겪었고 지금 생각해도 아찔한 경험이 한두 번이 아니었다.

   자연의 거대한 힘 앞에서 우리 인간이 참으로 나약함을 몸소 체험한 것이다. 그래서 아무리 작은 산이라도 사전에 철저하게 준비를 한다.

   10여 년 전 늦가을 어느 날, 설악산 한계령을 지나 오색약수터에 차를 세우고 점심을 먹으려는데 아내가 갑자기 설악산 대청봉에 올라가 보자는 것이다. 준비도 안 된 데다 시간도 너무 늦었고, 산장은 미리 예약하지 않으면 묵을 수 없기 때문에 다음에 가자고 했더니 또다시 슬슬 내 자존심을 건드린다. 등산이야 일단 시작하면 끝이 있고, 우리 몸 널 자리 없겠느냐고.

   하지만 내게는 망설일 수밖에 없는 또 다른 이유가 있었다. 산행에 대해 전혀 몰랐던 대학 시절, 후배와 설악산 대청봉에 평상복차림으로 올라갔다가 눈이 엄청나게 내리는 바람에 산에서 길을 잃고 밤새 헤매게 되었다. 마침 양폭산장 부근에서 산행 중인 미군 병사들에게 발견되어 구사일생으로 목숨을 건진 일이 있었다.

   그러나 그날 또 한 번 알량한 자존심 때문에 결국 대청봉으로 향하고 말았다. 대청봉에 올라가니 이미 해는 지고 기온은 내려가 벌벌 떨며 중청봉 산장으로 내려왔지만 예약한 사람 외에는 숙박이 불가능했다.

   후회 속에 고통스럽게 산행을 계속하여 희운각 산장에 도착했으나 사정은 마찬가지였다. 그래도 예약한 등산객들의 배려로 그들의 발끝에서 하룻밤을 보낼 수 있었다. 발 냄새는 엄청났지만 실내에서 잘 수 있는 것 자체가 커다란 축복이었다.

다음날 일찍 잠이 깨어 밖으로 나오니 어디서 본 듯한 외국인 한 명이 잔뜩 웅크린 채 떨고 있었다. 자세히 보니 우리 회사에 투자를 검토하고 있는 외국계 투자회사의 책임자였다. 반가워 사정을 물었더니 한국 산행 정보가 부족한 그도 밤늦게 이곳에 도착했는데 잘 곳이 없어 산장에서 마련해준 대형텐트 속에서 이슬만 피한 채 겨우 하룻밤을 보냈다는 것이다. 나는 컵라면을 끓여 함께 먹고 커피도 한 잔 주었다.

얼마 후 우리 회사는 그 회사로부터 투자를 받게 되었다. 투자심사에서 CEO평가항목 점수가 매우 높았다는 것이다. CEO의 건강이 고산 등반 수준으로 양호하고, 취미가 건전하며, 가정이 화목하다는 등….

그 후 아내는 마누라 말을 들으면 자다가도 떡이 생긴다고 한층 자신 있게 말한다. 그 뒤로도 나는 또다시 아내 덕에 준비 없이 백두산, 안나푸르나 등을 허둥지둥 다니게 되었다. 하지만 이렇게 아름답고 멋진 산행에 늘 함께해주는 아내가 있어 정말 행복하다.

나는 결혼도 공부했어요

나의 결혼 선포

이유민

 직장생활을 하다 뒤늦게 시작한 공부와 졸업 후 바로 시작한 일을 핑계로 연애를 못 한 지 너무 오래되었다.
 연애도 하고, 결혼도 해야겠다는 비장한 각오를 주변에 선포했지만 이미 자기 짝을 만나 떠날 사람은 다들 떠나 인연 만나기가 얼마나 힘든지 절감하며 시간은 또 흘러만 갔다. 결혼보다 로또 당첨이 빠를 것 같다고 투덜거리던 중 친한 동생이 흰물결 '결혼아카데미'를 권유했다.
 "농담이 아니라, 나는 나이도 내 위아래로 열 살 정도까지 차이 나도 괜찮아. 외국인이어도, 종교도, 직업도 상관없어.

내가 돈을 벌고 남편이 집안일을 해도 그걸 기쁘고 행복하게 하는 사람이면, 내가 하는 일을 존중해주는 사람이면 충분한데…."

내 얘길 듣던 동생이 말했다. "언니, 저는 이제까지 꼭 결혼을 해야겠다는 생각은 없었어요. 솔직히 사귀는 사람이 있을 때도 결혼은 막연히 자신이 없었고요. 그런데 '결혼아카데미' 강의를 듣고 처음으로 '아, 결혼이 좋은 거구나. 나도 결혼을 해야겠어.' 하는 생각이 들었어요.

사람들은 학벌이나 외모, 직업, 경제적인 수준이 비슷한 사람들끼리 결혼한다고 생각하지만 실제로는 마음의 수준, 삶에서 추구하는 바가 같은 사람끼리 결혼하게 된다는 이야기가 신선하면서도 참 공감되더라고요." 정말 마음이 통하는 사람을 만나고 싶었던 내게도 참 공감되는 이야기였다.

"우와, 그 강의하는 분 마인드가 진짜 멋지다. 그분은 나이가 어떻게 되셔? 결혼하셨어?" 내 물음에 동생은 빵 하고 웃음을 터뜨렸다. "사위까지 보셨어요. 자녀들에게 좋은 결혼관을 심어주려고 아카데미를 시작한 거래요." 평소 헛소리 안 하는 그 동생을 믿고 덜컥 신청했다.

결혼아카데미에서 "너무 많은 고민을 하는 것보단 결혼의 본질을 먼저 생각하고 일단 결혼을 저지르면 길이 열린다."는 윤 학 변호사의 강의가 마음 깊이 와닿았다.

시간이 없다는 이유로 연애를 피하고 집 구하기 힘들어서 결혼을 미루는데, 일단 결심만 하면 방법은 어떤 식으로든 생기기 마련이라는 이야기였다. 나이가 들면서 점점 더 겁이 많아져 작은 일도 시작하려면 망설이는 나에게 하는 말 같았다.

그래서 2주 뒤 열린 '미혼남녀 1:1 만남' 프로그램에서는 '이 나이에 단체 맞선 같은 건가.' 생각하면서도 완전히 마음을 열고 참여할 수 있었다.

처음에는 이 프로그램이 어떻게 진행될지 호기심과 약간의 어색함으로 쭈뼛거리는 가운데 프로그램이 시작되었다. 그런데 학창 시절 불렸던 별명 같은 소소한 이야기를 나누면서 게임도 하고 정성스럽게 준비된 프로그램을 따라가다 보니 어색함은 금방 사라지고 편하게 대화를 할 수 있었다. 모두들 유쾌하고 편안한 분위기에서 이야기를 나누니 남녀의 만남이라기보단 친구들과 놀러 온 기분이 들어서 조금 남아있던 내숭과 수줍음도 다 내려놓고 아주 즐겁게 시간을 보냈다.

참가자들은 서로가 생각하는 이상적인 배우자와 결혼생활에 대해 이야기하면서 결혼을 위해 내가 갖추어야 할 것들을 구체적으로 생각해보게 되었다.

사람들이 생각하는 이상적인 배우자는 먼 곳에 있는 게 아니라 "서로 취미가 비슷하면 좋겠다." "말이 통하고 같이 있을 때 즐거운 사람이면 좋겠다." 등 의외로 소박한 것이었다. 그래서 평생을 함께할 배우자는 작은 것에도 함께 공감하는 사람이면 되는구나, 내가 먼저 상대를 편하게 해주는 사람이 되어야 연애든 결혼이든 되겠구나 하는 생각이 들었다. 그동안 내가 어떤 배우자를 만나고 싶은지, 나는 어떤 배우자가 되어야 할지 막연했는데 덕분에 명확하게 생각이 정리됐다.

결혼아카데미 이후로 그동안 어색한 자리가 부담스러워 피했던 소개팅도 열심히 하고, 지인들이 초대하는 모임에도 무조건 뛰어나간다. '일단 저질러보는 게 중요해!'라고 주문을 외면서.

요즘은 얼마 남지 않은 소중한 미혼 동지들에게 적극적으로 결혼아카데미를 추천하고 있다. 속으로는 '이러다가 동지가 한 명 또 줄어드는 건 아닐까.' 살짝 걱정도 되지만 말이다.

두 번 참석한 결혼아카데미

박서현

5년 전, 수녀님이 준 〈가톨릭다이제스트〉를 읽던 중 보게 된 흰물결 '결혼아카데미' 안내 페이지는 결혼에 대한 낭만을 꿈꾸던 나의 관심을 단번에 끌었다. 바로 여동생에게 함께 가자고 전화를 했다. 그렇게 서른 살 오빠와 스물넷 여동생이 함께 '결혼아카데미'에 참석했다.

결혼과 사랑에 대한 동경은 있었지만 나는 10대, 20대를 연애 한 번 못 해보고 지냈다. 그때까지 나와 가장 많이 데이트했던 사람은 여동생과 수녀님이었다.

내 기억으로는 초등학교 때부터 '나중에 커서 결혼하면

어떤 남편이 되어야지.' 하는 생각을 했던 것 같다. 물론 그때는 TV나 영화에서 보았던 아름다운 장면처럼 '설거지를 많이 도와줘야지.' '매일 뽀뽀를 해줘야지.' 정도의 단순한 생각이었다.

대학에 가서도 마음 가는 사람에게 고백 한번 해본 적 없었지만 이성에 관심이 많았던 나는 항상 사랑과 결혼에 대해 고민하곤 했다. 그러던 중 찾아온 기회였기에 '결혼아카데미'가 더 반가웠다.

참석자들과 대화를 나누면서 나와 비슷한 생각을 갖고 있는 사람들이 있다는 안도감이 들었다. 윤 학 변호사의 경험담을 통해 순수한 마음으로 매사에 좋은 뜻을 갖고 행하면 더 큰 행복으로 돌아온다는 강한 믿음도 생겼다.

윤 학 변호사는 강의 중 '자신을 아끼고 더 높은 가치를 추구하면 결국 높은 가치관을 가진 사람을 알아볼 수 있게 된다.'고 했다. 너무나 궁금했다. '지금까지 20년 동안 내 자신의 성숙을 고민해왔는데 나는 왜 그런 사람을 만나지 못했을까?'

바로 손을 들고 질문했다. "말씀하신 것처럼 자신을 성숙시키기만 하면 누군가 짠! 하고 나타나는 것인지 궁금합니다." 답변은 물론 '찾으려는 노력도 해야 한다.'였다. 구체적인 방법이야 다 다르겠지만….

그래서 요즘 '흰물결'에서는 '미혼남녀 1:1 만남'이라는 프로그램을 시작한 것 같다. 그때의 나처럼 막막해하는 사람들에게 도움이 되도록.

1년 뒤 한 여자를 만나게 되었다. 그녀가 좋았지만 10개월 뒤에 반년 동안 해외 생활이 정해져 있었던 나는 만남을 이어가는 게 조심스러웠다. 게다가 난생처음 해보는 이성과의 만남인지라 더 어려웠다. 하지만 그녀는 너무나 아름다웠고 마음은 더 아름다운 사람이라는 확신이 들어 나의 걱정을 편지로 털어놓았다. "나와 함께 할 수 있겠냐."는 물음에 그녀는 아무 문제 없다고 했다.

긴 시간 떨어져 자주 만나지도 못했지만 항상 행복했고 나를 기다려주는 그녀가 너무나 고마웠다. 그녀와의 미래를 결심하고 귀국 후 깜짝 프러포즈를 했다. 그렇게 우리는 평생을 함께하기로 약속했다.

결혼 준비 역시 너무나 행복하고 재미있었다. 먼저 천주교 신자로서 금요일 저녁 4시간 동안 진행되는 혼인교리를 같이 들었고, 2박 3일간의 '약혼자 주말'도 찾아갔다. 서로를 더 깊이 알아가며 사랑도 커져갔지만 그것도 부족하다 여긴 나는 결혼 후 아내와 함께 다시 흰물결 결혼아카데미에 참석했다.

두 번째로 참석했을 때는 '지혜는 사랑에서 나온다!'는 말이 인상적으로 다가왔다. 그 후 결혼 생활을 하면서 문제가 생기거나 고민이 있을 때면 '사랑하는 아내를 위해 어떤 결정을 해야 할까?' 생각해서 결정했다. 결과는 항상 좋았고 둘 다 만족하며 웃을 수 있었다.

아내는 생각보다 많은 사람들이 결혼아카데미에 참석한 것에 놀랐다며 다양한 사람들과 대화하면서 많은 생각을 공유할 수 있어서 좋았고 강의도 재밌었다고 했다.

강의가 끝나고 나는 아내에게 "초롱초롱한 눈망울로 열심히 강의를 듣는 모습이 정말 예뻤어요. 같이 와줘서 고마워요."라고 말했다.

몇 해 전부터 결혼 적령기 친구들은 만날 때마다 혼수, 아파트, 자동차와 결혼 준비로 다툰 이야기를 한다. 나는 물질적인 것에 많이 신경 쓰지 않았지만 결혼 준비부터 지금까지 하루하루가 감사함의 연속이고 행복한데….

가장 기분 좋은 순간은 그런 대화 중에 미소 지으며 듣고만 있는 내게 친구들이 "근데 너는 참 행복해 보여~"라고 이야기할 때다.

내가 결혼을 위해 물질적으로 준비한 것은 청혼할 때 마련한 반지 하나가 전부였다. 30년이 넘은 낡은 아파트가 신혼집이었고, 냉장고는 나보다도 나이가 많은 듯한 빛바랜 중고품을 얻어왔다. 처가에서 가져온 휴대용 가스레인지와 인터넷을 개통하면서 받은 사은품 TV, 그리고 우리의 가장 비싼 혼수인 20만 원짜리 매트리스로 신혼집을 꾸몄다.

짐이 많지 않으니 이사를 직접 하기로 했는데, 이삿날 비가 내려 온몸을 다 적시고 엘리베이터도 없는 5층으로 낑낑대며 이사를 하면서도 우리는 행복했다.

그리고 얼마 전 태어난 그녀를 꼭 닮은 딸은 우리를 더 행복하게 한다. 초등학교 때 결심한 '설거지하기'와 '매일 뽀뽀하기'는 항상 실천하고 있다. 오늘도 나는 '어떻게 하면 그녀를 웃게 할 수 있을까?' 고민한다. 우리의 행복은 현재진행형이다.

'결혼아카데미'를 두 번 참석해보니 한 번 들을 때와는 비교할 수 없이 큰 수확을 얻는다는 생각이 들었다. 시간이 지나면서 잊혀지는 것도 있고, 알고도 실천하지 못한 것들도 되돌아볼 수 있었다. 그래서 우리 부부는 세 번째, 네 번째 강의도 들으러 가려 한다. 윤 학 변호사가 건강하게 계속 강의를 해주길 바라며 10년, 15년 후에는 청소년이 될 딸과 함께 참석하는 꿈도 꾼다.

아빠가 삼 년째 권유한 강의

박지혜

족히 삼 년은 되었을 것이다. 흰물결 결혼아카데미에 가 보면 어떻겠냐고 조심스럽게 권유하던 아빠의 말을 귓등으로도 듣지 않았던 날들이. 그런 곳을 내가 왜 가야 하느냐고, 누가 그런 강의를 가냐며 속으로 아주 우습게 여겼다.

결혼에 대해서 잘 알고 있다고 생각했다. 준수한 인물을 가진, 인품이 좋은, 만족할 만한 경제력을 갖춘 남자를 만나 살면 되는 일인 줄 알았다.

그런 남자를 찾는 데 혈안이 되었다. 결혼정보회사와 주변의 소개, 심지어 데이팅 앱까지 사용하면서 나의 이상형을 찾느라 바쁜 날들을 보냈다.

그리하여 원하던 조건에 그럭저럭 부합하는 남자들을 만났고 결혼 얘기가 오갈 즈음이면 이상하게도 목전에서 엎어지기가 여러 번, 이쯤 되니 나에게도 문제가 있구나 싶었다.

작년 말에 들어서서야 아빠가 삼 년째 얘기한 흰물결 결혼아카데미에 가야겠다는 결심이 섰다. 행여나 일정을 놓칠까 부랴부랴 등록했다.

결혼아카데미 당일 아침, 명찰을 받기 위해 길게 늘어선 줄에 놀랐다. 더구나 이 강의를 듣기 위해 전국에서 이백여 명이 모였다니…. 차례를 기다리며 내가 그동안 너무 오만하게 살아왔다는 생각이 들었다.

윤 학 변호사의 강의를 들으면 들을수록 깊은 반성과 각성이 되었다. 스스로 어디 하나 빠지는 구석이 없다고 여겼기에 손해 보는 짓은 하고 싶지 않았다. 그게 결혼이라면 더욱. 밑지는 결혼을 하느니 차라리 혼자 사는 편이 낫다고 생각했었다. 나의 이러한 태도는 교제해왔던 사람 자체를 느끼기보다 '평가와 잣대'의 눈으로 지켜본다는 느낌을 주었을 것이다.

그동안 나에게 '내용물'보다 '포장지'는 너무도 중요한 가치였다. 그렇게 본질과 거리가 먼 마음가짐으로 살았으니 결혼 준비가 순조로웠을 턱이 없다.

흰물결 결혼아카데미는 내게 결혼에 대한 강의 그 이상이었다. 결혼에만 국한되지 않았다. 인생에 있어서 중요한 가치들이 던져졌다.

섬에서 자라 광주에서 고등학교를 다니던 윤 학 변호사가 도시의 아이들 사이에서 위축되어 있을 때, 선생님이 그에게 해주셨던 말은 그가 자기 자신과 삶을 대하는 관점을 바꾸게 했다. 교사인 내가 어떤 소명 의식과 방향을 가지고 학생들을 대해야 할지 아주 깊이 생각해보게 된 일화였다.

노력하지 말라는 말씀도 지치다 못해 바닥을 치고 있던 내 마음에 더없이 깊은 위로가 되었다. 옳지 않은 방향이나 방향 없이 무조건 노력만 한다면 결국 어떤 결과도 얻지 못한다는 말에 여러 번 울컥울컥 눈물이 쏟아져 나올 것만 같아 참느라 혼이 났다.

나는 소위 말하는 팔자 고치는 결혼이 인생의 최종목표인 양 노력에 노력을 더하던 인간이었다. 이십 대 후반, 배우자를 위한 기도 중 리브가와 이사악의 감동적 이야기를 접했음에도 너무도 오랜 기간 동안 헛된 짓들을 해왔음에 마음이 아팠다.

내 삶의 자리에서 아름답고 진실하게 살았더라면, 삶의 중요한 가치들을 생활 속에서 행동으로 보이며 살았더라면, 그리고 진작에 이 강의를 들었다면 그동안 교제해왔던 이들을 그렇게 대하지 않았을 텐데…. 뼈아픈 후회가 밀려왔다.

지금이라도 흰물결 결혼아카데미에 참석해서 다행이다. 이제 나는 옳고 바름에 바탕을 둔 내 주관을 세우고, 더 높은 가치를 추구하며 살아가는 인생의 그림을 구체적으로 그리려 한다.

그리고 그 그림을 함께 완성시켜 나갈 배우자를 알아볼 수 있는 눈을 내게 달라고, 그도 나를 알아볼 수 있는 만남의 기회를 허락해달라고 간절히 기도할 것이다.

진리는 오직 가장 깊은 사랑에 의해서만 생긴다고 한다. 나를 깊이 사랑하는 아빠의 조언을 처음부터 들었다면 참 좋았겠지만 지금이라도 늦지 않았다는 마음으로 내 삶의 자리를 아름답게 가꾸어 나가고자 한다. 아빠에게 감사하다.

이십 대 후반에 들어서는 남동생에게는 흰물결 결혼아카데미에 꼭 참석해보라고 내가 권해야겠다.

나의 결혼, 방향을 틀다

심영랑

  나는 결혼이란 적당한 때가 오면 괜찮은 조건의 사람을 만나서 자연스럽게 이루어지는 것이라고 생각했다.
  구체적인 이상형이나 진짜 결혼이 필요한 이유에 대해서 깊이 고민해본 적이 없어서 연애를 시작해도 내가 진정 어떤 사람을 원하는지, 추구하는 가치가 나와 같은 사람인지 구분하기 힘들었다. 연애가 즐겁지 않으면 상대방이 사귈 만한 사람이 아닌 건지, 서로 조건이 맞지 않아서 그러는 것인지 헷갈렸다.
  결국 서로의 진심을 알려고 하기보다 '더 잘 맞는 사람이 나타나겠지, 더 깊어지면 나중에 힘들어질 수 있어.' 하며 만남을 정리하곤 했다.

어느 날, 어머니가 권한 〈가톨릭다이제스트〉를 보다가 연애 시절 무직에 데이트 비용도 없는 남자를 위해 여자가 데이트 비용도 내고, 심지어는 다음번에 만나러 올 차비까지 주었다는 글을 읽게 되었다.

여자는 무엇에 이끌려 경제력도 없는 남자를 만났던 걸까 곰곰 생각해보다 둘 사이에 '진짜 사랑'이 없다면 설명이 안 되는 만남이라는 결론을 내렸다. 글 속의 남자는 돈이 없었지만 여자친구가 좋아하는 음악을 카세트테이프에 정성스럽게 녹음해 선물로 주었다고 했다.

여자는 오랜 세월 동안 테이프가 늘어지도록 들으면서 남자의 정성과 사랑을 느끼고 행복해했다는 것이다. '사람들은 내가 생각해보지 않은 방법으로 만나서 결혼도 하고, 진심으로 상대방을 보고 받아들이며 사랑하고 결혼도 하는구나.' 나는 왜 여태까지 그런 만남을 못 했을까?

요즘 남녀가 데이트를 하면 데이트 비용은 누가 더 많이 내는지, 얼마나 좋은 곳에서 데이트를 했고 상대방에게 어떤 대접을 받았는지 시시콜콜 이야기하고, 나 또한 친구들에게 그런 것을 자랑한 적도 있었다. 게다가 내 주변에 결혼을 앞둔 친구들에게 적당한 배경과 스펙의 사람과 결혼하는 것이 옳다고 충고하고 그만하면 꽤 잘한 결혼이다, 밑진 결혼이다 판단까지 서슴없이 했었다.

그런데 내가 가치관을 확실하게 세우지 않으면 앞으로도 진실한 만남은 어려울 것 같아 걱정이 되었다. 동시에 결혼관에 대한 진지한 고민도 한번 해보지 않고, 주위 사람들이 말하는 세속적 가치에 기웃거렸던 내가 무척 부끄러워졌다.

어머니는 항상 〈가톨릭다이제스트〉가 얼마나 알찬지 알려주면서 내 방에 몇 권 두고 가기도 하고, 인상 깊었던 책의 내용을 들려주기도 했지만 나는 일 년에 세 권 정도만, 그것도 읽는 척만 했다. 그렇게 〈가톨릭다이제스트〉를 읽다가 결혼아카데미에 대한 소개가 눈에 띄었다. 마감되기 전에 얼른 '결혼아카데미'와 '미혼남녀 1:1 만남' 프로그램을 신청했다.

윤 학 변호사의 강연은 요즘 말로 '사이다' 같았다. 내가 늘 고민했던 것들과 그 해결책에 대한 실마리를 던져주실 때마다 놀람과 즐거움에 계속 웃음이 났다.

나는 높은 스펙과 화려한 배경보다 자상하고 선한 마음씨를 가진 사람을 항상 만나왔다. 하지만 더 좋은 조건의 사람을 만나라는 주변 사람들의 말에 휘둘려 그 사람에게 호감을 느끼면서도 갈팡질팡하다 결국 짧은 연애로 끝내곤 했다. 강의에서 결혼이 힘든 이유는 어떤 것이 나에게 가장 높은 가치인지 스스로도 확실히 모르기 때문이라고 했다.

"무엇을 정말로 원하는지도 모르는데 어떻게 원하는 상대를 만날 수 있어요?" 맞는 말이었다. 순수한 사람, 착하고 자상한 사람을 옆에 두고 싶어 하는 나의 진짜 마음을 무시하고 있었기 때문에 그토록 마음이 괴로웠던 거구나 생각이 들었다.

정확히 내 마음을 집어내는 말씀에 '맞아, 내가 힘들어했던 이유가 저거야.' 하며 답의 실마리를 찾은 시원함에 웃음이 터져 나왔다. 아브라함이 며느릿감을 구하기 위해 종을 보냈다는 성경 속 이야기를 함께 읽으면서 '높은 정신은 물질을 이끄는 힘이 있다.'는 것도 깊이 느끼게 되었다.

강의를 듣는 동안 실은 내게도 속물근성이 있는데 안 그런 척, 인품 있는 척, 다른 사람들과는 뭔가 다른 척해왔다는 걸 깨닫고 나니 내 자신과 솔직하게 대면할 수 있었다. 내 자신을 숨기기보다는 마음을 열고 받아들이고 보니 자꾸 미소가 지어졌다.

윤 학 변호사는 '삶'은 곧 '사람을 만나는 것'이고 사람을 만나는 것은 '머리로 계산하는 것'이 아닌 '마음'으로 느끼는 거라고 강조했다.

계산적으로 사람을 만날 때 분명 그런 만남이 옳지 않다는 마음의 소리가 들려올 것이다. 순수한 내 마음이 보내는 '머리'와는 정반대의 신호를 무시했던 결과는 늘 인간관계에 대한 공허함, 불신, 외로움이었다.

누군가가 정해놓은 '1+1=2'라는 틀에 갇혀서 그것만이 진실이라고 우겨대고 그 틀에서 벗어나면 이상하다고 여겼던 내가 많이 부끄러웠다.

나에게 이번 결혼아카데미는 하나하나에 고개를 끄덕이고 공감하며 치유를 받는 시간이었다. 결국 진정한 행복을 위해 높은 가치를 추구하고, 나의 가치를 알아볼 수 있는 사람을 찾아야겠다는 생각이 든다. 또 그런 사람을 알아보는 지혜를 갖기 위해 내 마음을 열고 순수하게 사람을 대하고 존중하며 사랑하는 연습부터 차근차근 해야겠다.

결혼아카데미, 그 후

윤승재

나는 오래전부터 빨리 결혼하고 싶었다. 정 주고 마음 주고 헤어질 바에 한평생 같이할 사람과 돈독한 추억을 많이 만드는 게 맞다고 생각했다.

하지만 많은 사람들이 결혼을 너무 쉽게 생각하는 것 아니냐, 경제적으로 안정되어야, 최소한 집은 있어야, 사람은 오래 만나봐야 결혼할 수 있는 거라며 집안, 나이, 심지어 결혼 시기까지 걱정하는 이야기를 들을 때마다 본래의 마음을 유지하기가 쉽지 않았다.

부모님도 경제적인 안정이 우선이니 지금 결혼하는 것은

너무 이르다고 하셔서 결혼이 점점 멀게만 느껴졌다.

  결혼에 대해 진지하게, 제대로 알고 오라는 아버지의 권유로 흰물결 결혼아카데미에도 참석하게 되었다. 처음엔 '가봐야 뭐가 있겠어, 뭐가 달라지겠어?' 하는 의구심도 들었다. 아카데미에 도착하니 여직원 두 사람이 환한 미소로 참석자들을 반갑게 맞이하는데 어쩜 그렇게 순수한 미소를 띠고 있는지….

  강의가 시작되었고 윤 학 변호사의 머리가 아닌 마음으로, 대화하듯 이어지는 이야기가 내 귀에 한 마디 한 마디 쏙쏙 들어왔다. 나에게 '순수함'의 정의가 새롭게 자리 잡는 순간이었다. 강의를 듣기 전에는 '순수하다'의 의미를 단순히 '착해 보인다'는 뜻으로 두루뭉술하게 생각했다.

  강의를 통해 더 높은 가치를 추구하는 것이 순수함이라는 정의가 명확해졌고, 그 중요성과 필요성 또한 많이 느꼈다. 또 낮은 가치를 좇으면 높은 가치는 물론이고 낮은 가치 또한 얻기 어렵다는 내용도 굉장히 와닿았다.

  언제부턴가 나는 무언가를 할 때 그 일이 나에게 어떤 행복을 줄지, 주변 사람들에게 어떤 영향을 끼칠지보다는 들어가는 비용, 노동력, 시간 등을 따지며 그렇게 하는 것이 어른스럽고 현실을 직시하는 거라 믿었는데 강의를 들으며 내가 작은 것에 집착했었다는 생각이 들었다. 결혼아카데미를 대수롭지 않게 생각했던 내가 굉장히 부끄러웠던 순간이었다.

결혼아카데미는 결혼과 연애에 대한 잘못된 고정관념을 깰 뿐만 아니라 내가 하고 있는 사업과 인생 전체에 대해서도 깊이 생각하게 되는 강의였다. 강의를 듣고 난 후 내 삶과 사업의 방향, 그리고 연애와 결혼에 대한 생각, 이 모든 것이 많이 바뀌게 되었다.

자전거 매장을 운영하며 자전거 무역업을 하고 있는 나는 겨울이면 자전거 업체들이 할인을 하면서 재고정리를 하기 때문에 사실 우리 매장에서 사는 것보다 온라인에서 싸게 구입해 직접 조립하는 것이 가장 저렴하다는 것을 누구보다도 잘 알고 있었다.

결혼아카데미 강의를 듣고 난 뒤의 일이다. 한 손님이 오셨고, 나는 그 손님이 앞으로 꾸준히 자전거를 타며 기분전환도 하고 운동도 자주 할 수 있었으면 좋겠다는 마음으로 손님을 응대했다.

사실 우리 매장에서 자전거를 구매하면 나야 좋지만, 손님 입장에선 온라인에서 구매하고 점포에서 조립하는 것이 훨씬 경제적이라고 솔직하게 말씀드렸다. 알고 보니 손님도 무역업을 하는 분이었고, 내게 이렇게 장사하면 뭐가 남냐며 의심 섞인 질문을 했다.

며칠 뒤 자전거 한 대가 매장에 도착했고 그 손님으로부터 전화가 왔다. 비용을 물어보더니 조립을 부탁하는 것이었다. 그 손님이 아들과 함께 매장에 왔을 때 정성스럽게 자전거를 조립해주었고 손님은 굉장히 만족해했다.

그런데 며칠 뒤 자전거 한 대가 또 매장에 도착했고 그분에게 전화가 왔다. 지난번에 산 자전거가 너무 만족스러워 한 대 더 샀다며 또 조립해달라고 했다. 나는 기분이 정말 좋았다. 나를 믿어준 그 손님이 어찌나 고맙던지, 두 번째 자전거도 정성을 다해 조립했다. 그분은 나에 대한 인상이 굉장히 좋았는지 내가 무슨 말을 하든 다 믿어주었다.

조립해서 받은 수익이 크진 않았지만, 이러한 고객이 하나둘 늘다 보면 많은 분들이 우리 매장을 믿고 이용할 테고 돈도 자연히 따라오겠구나, 이것이 윤 학 변호사가 이야기한 순수함의 힘이구나 싶어 신기했다.

그 후 많은 사람들이 내가 수입하는 자전거를 타며 만족할 수 있도록 제품 하나하나에 신경을 쓰게 됐고, 잘 팔리는 제품보다 고객이 만족할 수 있는 제품을 수입하는 쪽으로 사업 방향도 바꾸었다. 본래 순수했던 목표들은 더욱 확신을 갖게 되었고, 돈을 좇았던 사업 또한 순수한 의미를 찾아 방향을 틀게 된 것이다.

그렇게 하루 이틀 살다 보니 현실적으론 굉장히 쪼들리고 여유가 없는데도 심적으로는 여유가 넘치는 편안한 나날을 보내고 있다. 마음에 여유가 생기니 얼굴에 자연스러운 미소가 생기고, 미소가 생기니 삶에 즐거움이 가득해 주변에 사람들이 모이게 되고, 사람이 모이니 정말 믿기지 않게도 그동안 맹목적으로 좇던 낮은 가치들이 알아서 따라오기 시작했다.

이제는 왜 높은 가치를 추구해야 하는지, 어떤 마음가짐으로 살아가야 할지 방향이 굉장히 뚜렷해졌다. 새로운 세상이 열린 것이다. 다음 강의 때는 꼭 부모님과 여자친구와 함께 참여하고 싶다.

에필로그
온몸이 춤이고 노래고

온몸이 춤이고 노래고

이병호 주교

언젠가 강의를 하러 가서 "무엇이든 좋으니 저에게 질문 좀 해보세요. 그 질문을 가지고 얘기를 하겠습니다." 했더니 누군가 "주교님이 만약 결혼을 해서 애를 낳는다면 그 애를 어떻게 기르겠습니까?" 하고 물어요. 그 질문이 얼마나 반가웠는지 모릅니다.

그래서 "너무 멋진 질문입니다. 애를 낳은 후에는 이미 늦었고 낳기 전부터 준비해야 합니다. 그러려면 우선 결혼 상대를 잘 고르는 일부터 시작해야 합니다. 좋은 나무를 얻으려면 밭도 좋아야 하지 않겠습니까?

남자라고 해서 다 남자가 아니고, 여자라고 해서 다 여자가 아닌 것 같습니다. 남성성에서 먼 사람이 있듯이 여성성에서 먼 사람도 있으니까요.

내 맘에 딱 드는 여성을 선택하고는 상대를 깊이 알고 참으로 사랑하는 데에 소홀함이 없도록 할 것입니다. 씨 뿌리기 전에 밭갈이를 잘해야 하고 씨를 뿌리고 난 다음에는 잘 가꾸어야 하지요. 그렇게 결혼하여 아내가 아기를 가지면 모태에 있을 때부터 함께 기르기 위해 노력할 것입니다." 하고 말했어요.

어떤 의사가 아들 하나, 딸 하나를 두었는데 아들은 태어나자마자 그냥 막 울어대고 짜증을 부려서 기르기가 어려웠대요. 그래서 "얘는 왜 이럴까?" 했더니 아내가 하는 말이 "이게 다 당신 책임이요." 그러더래요.

깜짝 놀라서 "내가 뭘 어쨌는데?" 하니까 아내가 "당신은 씨만 뿌려놓고 한 게 뭐 있어요? 매일 밖에 나가서 친구들하고 술 마시고 놀다가 늦게 들어오지 않았어요? 그 시간에 나는 당신을 의심하고 불안해하면서 혼자 얼마나 고통스러웠는지 아세요? 그 애가 내 뱃속에 있는 동안 불안과 고통 속에 있다 보니 애가 이렇게 나왔어요." 하더래요.

두 번째는 딸인데 딸은 태어나자마자 방실방실 웃고 얌전해서 기르기가 아주 쉬웠대요. 그래서 '이 아이도 똑같이 우리에게서 태어났는데 어째서 다를까?' 가만히 생각해보니까 둘째 아이를 가졌을 때는 아내가 매일 동전 한 줌씩 쥐고 나갔대요.

"이제 당신을 포기했다. 아무리 호소해도 안 되니까 당신에게 기대는 것은 이제 그만두고 나 나름대로 재미있게 지내기로 했다."며 친구들과 어울려 그 동전으로 내기 놀이를 하면서 하루 종일 웃고 떠들고 그랬대요.

엄마가 웃으니까 아기도 뱃속에서 즐겁게 있다가 나온 거예요. 그러니까 방실방실 잘 웃을 수밖에요.

교황 요한 바오로 2세는 5년 동안 매주 수요일 일반 알현 석상에서 남녀 간의 사랑과 가정에 관해서만 가르쳤어요. '성이란 무엇인가? 남자와 여자의 몸이 다른 것은 어떤 의미가 있는가? 남녀의 사랑은 어떤 뜻이 있는가?' 하는 것을 성서를 바탕으로 가르쳤어요.

결혼하기 전에 남자가 뭐고 여자가 뭔지, 사랑이란 무엇이며 어떻게 하는 것인지 제대로 배운 사람은 별로 없어요.

무슨 포르노 잡지나 야한 동영상을 보며 자기들끼리 키득키득 웃으며, "여자는 그런 거야. 사랑은 저렇게 하는 거야." 하면서 배운 그 몇 마디 가지고 결혼을 했으니 거기에서 뭐가 나오겠어요? 대충 결혼하면 아이도 대충 나올 수밖에 없지요.

그러니까 결혼하기 전에 우선 아주 좋은 밭을 구하기 위해 노력해야 해요. 그리고 결혼하고 나서도 자기 아내를 정말로 사랑하면 요란한 태교 안 해도 아기는 엄마와 한 몸이니까 그 사랑이 그대로 전달되어요.

이게 창조 중에서 제일 중요한 창조이고 예술 중에서 가장 중요한 예술인데, 이 단계를 대충대충 넘겨놓고 그 결과로 만들어진 아기를 가지고 나중에서야 잘 만들어보겠다고 야단법석을 하니 얼마나 어려운 겁니까?

하느님께서 '당신의 모습대로 사람을 창조하시되 남자와 여자로 창조하셨다.'는 말이 무슨 뜻인지 잘 배워야 사랑이 무엇인지, 창조주의 뜻이 무엇인지 알게 돼요. 하느님 모습대로 창조하신 것을 제일 잘 볼 수 있는 것이 남자와 여자예요. 둘을 딱 합치면 하나가 되게 만들었잖아요.

교황 요한 바오로 2세는 새 인류를 만드는 비법이 어떤 혁명보다도 바로 여기에 있다고 믿는 거예요. 나도 그렇게 믿어요. 그 비법의 근원은 어디 있느냐? 육체적인 사랑을 정말로 잘하는 데 있어요. 육체적인 사랑을 잘하기 위해서는 육체에서 출발하면 안 돼요. 예수님이 "아버지, 이 사람들은 본래 아버지의 사람들이었습니다." 했잖아요.

남편이든 아내든, 아들이든 딸이든 원래는 다 하느님의 사람이에요. 그 생각만 하면 정신이 번쩍 들 것 아니에요? 서로 큰절부터 하고 합방해야 돼요. 보통 존재가 아니라 하느님의 사람이니까요. 깊이 존경하고 사랑을 해야 돼요. 대충대충 허겁지겁 사랑을 해버리면 그 중요한 기회를 허비하는 거예요. 정말로 거룩하게 사용해야 돼요. 사람은 동물이 아니니까 정신적으로 깊은 곳까지 하나가 돼야지 몸뚱이만 닿는다고 사랑이 아니지요.

야곱의 우물가에서 만난 사마리아 여자의 마시고 마셔도 가시지 않는 목마름도 다 그 얘기예요. 그러니까 여자도 신랑감을 잘 골라서 준비를 잘한 다음에 사랑을 해야 돼요. 밥도 허겁지겁 먹으면 소화가 안 되잖아요.

인간에게 밥에 대한 입맛이 없으면 개인이 망하고 성에 대한 입맛이 없어지면 인류가 망하는 거예요. 그게 다 하느님이 만들어놓으신 생명의 욕구예요. 정말 잘 준비해서 씨를 심고 함께 잘 가꾸면 인간이 업그레이드되어 새 인류가 생겨나요.

톨스토이의 글에 '사람 안에는 무엇이 있나? 사람 안에는 무엇이 없나? 사람은 무엇으로 사나?' 하는 세 가지 질문이 있어요.

사람 안에는 무엇이 있나? 남을 돕고 싶어 하는 마음이 있어요. 보통은 그렇지 않은 것 같아도 정말 도와야 될 사람을 도와주지 않고 그냥 지나가면 다시 돌아오게 돼요. 어떻게든 어떤 방식으로라도 자기가 돕지 않으면 스스로 괴로워서 못 살아요.

사람 안에는 무엇이 없나? 미래에 대한 지식이 없어요.

다음 순간에 뭐가 일어날지를 모르는 거예요.

  사람은 무엇으로 사나? 사람은 사랑이 없으면 못 살아요. 사랑이 없으면 인간으로서는 죽은 거예요. 사랑이 없으면 막가는 거예요.

  우리가 이만큼 귀한 정신을 가진 사람으로 사는 것은 우리가 주변 사람으로부터 많은 사랑을 받았기 때문이지 자기가 잘나서가 아니에요. 사람은 사랑으로 사는 거예요. 그래서 사랑보다 더 중요한 것이 없는데 거기에 대해 제대로 된 가르침은 못 받고 대충 결혼해서 아이를 만드니 그 아이가 어떻게 되겠어요?

  그렇다면 새 인류를 어떻게 만드느냐?

  교황 요한 바오로 2세가 5년 동안 가르친 것을 모아서 책을 만들었는데 제목이 〈몸의 신학〉이에요. 〈몸의 신학〉에 의하면 '발가벗은 몸뚱이를 쳐다봐라. 하느님의 뜻이 다 거기에 새겨져 있다.' 그거예요. 남녀 간의 사랑은 하느님의 본래 설계에 따라 애초의 모습으로 복원하고 그 본연의 역할을 할 수 있게 해야 한다고 가르치십니다.

  예수께서 이 세상에 오신 것도 고장 난 인간성과 비뚤어진 관계를 바로잡아 본래의 모습대로 돌려놓고, 더욱 아름다운 단계로 끌어올리기 위한 것이었습니다.

  씨 뿌릴 때는 이미 늦어요. 밭갈이할 때부터 "당신이 최고다. 세상에서 제일 예쁘다. 적어도 내 눈에는 그렇다." 하면서 예뻐해 주면 그 말을 들으면서 자기를 발견하게 돼요.

'네가 내 이름을 불러주기 전까지 나는 아무것도 아니었다.' 이런 말이 있잖아요. 이름을 불러주며 "정말 네가 예쁘다." 구석구석 보면서 "정말 예쁘다." 하다 보면 정말 예쁜 사람이 되는 거예요.

하느님이 아담이 혼자 있는 것이 좋지 않으니 그의 짝을 만들어주리라 하고 곧바로 진흙을 이겨 만들어주었나요? 그렇게 하지 않았어요. 짐승들을 만들어서 하나씩 하나씩 아담의 앞을 지나가게 했어요. 사열식을 시키고 아담이 짐승들 하나하나에 이름을 지어줬어요. 이름을 지어줬다는 것은 그 본질을 깊이 알았다는 거예요.

그런데 이름을 지어주면서 아무리 들여다봐도 자기 짝은 없거든. 그렇게 극도로 외로움을 느끼게, 그 어떤 존재 속에도 내 상대는 없구나 하고 아주 뼈와 살이 녹을 만큼 간절한 외로움을 느끼게 해놓고 나서 그의 갈비뼈로 하와를 만들었어요.

그 자신의 한 부분을 원료로 해서 그의 짝을 만들었다는 것은 부부가 원래부터 '둘이 아니라 한 몸'이라는 사실을 넌지시 말해주지요.

그렇게 여자를 만들어, 결혼식에서 아버지가 딸의 손을 잡고 신랑에게 데려다주듯이 하느님께서 하와를 아담에게 데려가자 아담이 "드디어 나타났구나! 내 뼈에서 나온 뼈요,

내 살에서 나온 살이로구나!" 외쳤지요.

부부는 서로 상대방을 보고 그와 같은 기쁨과 감사에 찬 감탄이 터져 나와야 해요. 다른 사람이 뭐라고 해도 자기 여자, 자기 남자가 최고여야 돼요. 자기의 짝은 이 세상에서 하나뿐이지요. 그러니까 콩깍지가 씌워지는 것은 너무나 당연한 거예요.

그래서 상대방의 부모님께는 물론 무엇보다도 창조주 하느님께 "이렇게 착하고 아름다운 짝을 만들어주셔서 정말 감사합니다. '이 사람은 본래 아버지의 사람이었지만 제게 맡겨주셨으니요한 17,6' 제가 손잡고 함께 아버지께 돌아가겠습니다."

서로 이렇게 기도하면서 한번 결합을 해봐요. 끝내주지 않겠어요? 춤이 나오고 노래가 나오고 온몸이 춤이고 율동이고, 노래가 되지 않겠어요? 그게 얼마나 천상적인 의미가 있는가를 잘 알아야 해요.

"별로 맛이 없으세요? 저는 맛있는 것 같은데…."
오징어먹물을 묻히고 진지하게 이야기하는 그의 모습에
웃음이 터지고 말았다. "현주 씨는 참 잘 웃으시는 것 같아요."
"아… 이야기를 재밌게 잘하셔서요." "하하하, 감사합니다."

웃고 참고를 반복한 소개팅은 그렇게 끝이 났다.
그런데 신기한 건 그 모습이 싫지 않았다. 오징어먹물이
묻은 채 웃던 모습이 기억에 남았다. 이런 걸 콩깍지라고
하나? 우리는 올겨울 결혼을 앞둔 사이가 되었다.
아직도 그 사람은 모른다. 내가 그날 왜 그렇게 웃었는지….

콩깍지 끼던 날

한 번 깊어진 마음은 결코 얕은 마음으로 바뀔 수 없어요.
우리가 머리로는 순수한 사람도 세상 물결 따라 변한다고 생각할
수 있지만, 실제로 순수한 마음을 간직해본 사람은
그 순수를 버릴 수 없지요. 보물을 간직하고 있는 사람이
스스로 보물을 버릴 수 있겠어요?

세상에 순수한 사람이 없다면 여러분은 순수하지 않은 사람,
오염된 사람과 결혼해야 해요. 그런 사람과 결혼할 수 있겠어요?
아무리 결혼하려고 해도 안 될 거예요. 왜냐하면 여러분은
오염된 사람과 한평생을 살 수 있을 만큼 오염된 사람이 아니라
하느님이 만든 너무나 고귀한 존재들이기 때문이지요.
결국 순수한 상대를 찾는 게 더 쉬운 길이에요.

백날 만나봐야